クラスを最高の笑顔にする！

学級経営
365日

低学年編

赤坂真二・北森　恵 著

困った時の突破術

明治図書

シリーズ発刊に寄せて

　この本を手に取った方は，おそらく次のどちらかでしょう。

　○今現在，学級経営に困っていることがある。

　○もっと，学級を良くしたいと思っているが，具体的な方法がわからない。

本書は，そんな２つの願いをどちらも叶えます。

　私は，上越教育大学という教員養成を行う大学の教職大学院で，これから教壇に立つ教師を育てることと現職教員の能力の再開発にかかわる一方で，全国の自治体や研究会からご依頼をいただき，各地で教員研修を担当させていただいています。

　ある講座の後，一人の参加者の方から声をかけられました。

　「私たちの学校は，子どもたちの学習意欲の向上，全員参加ができる授業づくりを目指して，これまで発問や指示，課題提示の工夫に取り組んできました。

　しかし，近年，授業に入ってこられない子，ついてこられない子が確実に増えてきています。今日の先生の講座をお聞きして，その原因がわかりました。つまり，そういうことだったのですね」

　その方は，ある学校の管理職の先生でした。そちらの学校では，学力向上のねらいの下に，ずっと授業改善をテーマに校内研修を進めてきたそうです。しかし，それにもかかわらず，ここ数年，授業に参加できない子どもたちが確実に増えてきており，魅力的な教材，ネタを用意して，発問や指示を工夫しても，目に見える成果が現れなかったと言います。

　ここに横たわる問題は，何だったのでしょうか。

　そう，それが，学級経営の問題です。学級経営というと「ああ，学級づくりのことね」と思われるかもしれませんが，学級経営と学級づくりは，異なります。しかも，近年の学級づくりの在り方は，それこそ，ネタや活動への比重が高まってきて，その本来の在り方を見失っているように思います。先ほどの話を思い出してください。授業においては，ネタや発問や指示の工夫，

つまり，活動の工夫では，子どもたちを引きつけられなくなっているということが起こってきているのです。それは，学級づくりにおいても同じことが言えるわけです。つまり，ネタや活動だけでは，学級をまとめていくことは難しい状況になっているのです。

　本書における学級経営とは，ネタや活動の羅列のことを意味しているのではありません。学習の場としての質的向上をねらった環境設計のことです。「主体的・対話的で深い学び」の実現をしようとしてみてください。不安定な人間関係の中，安心感の保障されない場所で，子どもたちはやる気になるでしょうか。そんな環境で「話し合ってごらん」と言われて，話し合いをするでしょうか。また，それぞれの気付きをつなげたり補完したりしながら，自分だけではわからなかったことに気付くでしょうか。「主体的・対話的で深い学び」は，学習環境の質に大きく依存しているのです。

　本シリーズは，実際に学級経営で起こる問題場面を想定しながらQ＆A形式で，具体的に学級経営の考え方と方法論を示しています。もし，ご自分のクラスで困ったことがあったら，似たようなQを探してみてください。解決のヒントが見つかることでしょう。またもし，特に困ったことがない場合は，最初から通してお読みください。そこに示されたQが，学級経営の急所となっています。そこに気をつけることで，陥りがちな危機を避けながらクラスを育てることができます。つまり，本書は，学級経営において，困っているときの「治療法」として，また，危ない場面を避けるための「予防法」として，そして，クラスを育てるための「育成法」として，３つの使い方ができる画期的な書なのです。

　執筆を担当したのは，私のほか，私とともに学級経営の研究を進めてきた３人の実力者（低学年：北森恵，中学年：畠山明大，高学年：岡田順子）です。「この人たちの実践を世に出さないことは罪だ」，そんな強い思いに駆られて執筆を依頼しました。本シリーズが，みなさんの学級経営の強力なサポーターとして役立つことを確信しています。

　　2020年２月

赤坂　真二

はじめに

　先生，笑っていらっしゃいますか？

　初めて低学年を担任する先生も，低学年は久しぶりという先生も，そして，低学年の専門家のような先生も，きっと，多かれ少なかれ，低学年の難しさに出会うでしょう。時には，笑う元気をなくしてしまうほどの壁にぶちあたるかもしれません。私もそうです。毎日，たくさんの壁にぶちあたってきました。今も，それは変わりません。

　でも，笑いながら低学年の「困った」の壁を突破してもらいたい。そんな思いでこの本を書きました。

　「追究の鬼」と呼ばれた有田和正先生は，低学年について，次のように書かれています。

　「一年生の間に『はてな？』（問題発見力）を掘り起こし，『学習への興味・関心・意欲』をきっちり引き出し，学校と学習は面白いと思わせなければならない」（『一年担任の実力と責任』明治図書）

　有田先生が書かれているように，低学年を担任するということは，本来は非常に責任の重いことのはずです。しかし，初任者に低学年をもたせるなど，「低学年は小さい子相手なんだから，なんとかなるだろう」といった意識が現場にあるのも事実です。いろいろな校内事情を鑑みての配置かもしれませんが，低学年で知っておきたい教育技術や，指導に当たっての「芯」のようなものを学ぶ機会は保障されていないのではないでしょうか。それが，「小１プロブレム」と呼ばれる状況の一因になっているのであれば，子どもたちも先生たちも不幸なことです。

　私の実践の柱は「自己決定」と「実践させること」です。低学年を，「全校みんなの赤ちゃん」という扱いをしている限り，子どもたちに自律・自立

の舵をもたせることはできません。

　この本には，３月から年度末の３月までの１年間に自分が経験した様々な「困った場面」を70トピック書きました。目次をご覧になって，気になったところから，もしくは，気になったところだけを読んでくださっても構いません。きっと「気になる＝今の課題」なのでしょうから。

　70のトピックは，それぞれ見開き２ページの構成になっています。１ページ目には，「困った場面」に対する私の考えを，２ページ目には，具体的な「成功のポイント」として実践例を載せてあります。「自己決定」と「実践させること」を低学年でどのように取り入れていくのかの，一つの例としてお読みください。そして，自分ならどうするかの試金石にしてください。読みながら，私と対談しているような感覚でいていただけるとうれしいです。「いや，それはどうかな？」「自分ならこうするな」「うちのクラスならこうしたらいいかも」など，担任している子どもたちを思い浮かべながらお読みいただくと，読み終えたあと，少なくとも70の思考を経たことになります。

　各章の最後には，コラムを５つ書きました。それを読んでいただければ，私が何者でもないとおわかりになると思います。何者でもない私が書くことで逆に，この本を手に取ってくださった先生方の力になれるのではないかとも思います。

　「先生，笑っていらっしゃいますか？」と冒頭で問いかけました。

　どんな壁がそこにあっても，一緒に，笑って子どもたちの前に立ちましょう。教室，あるいは職員室に，笑えない現実があっても，明日はきっと笑えると信じて。私の失敗や後悔から生まれた泥だらけの実践が，先生の鏡となって「自分の実践はどうだろう」と立ち止まるきっかけとなり，「よし，次はこうしてみよう」と笑いながら一歩を踏み出せる勇気となることを願っています。

　2020年２月

北森　　恵

第 **3** 章　6〜7月　ドロップアウトを防いで6月危機を乗り切る

第 **4** 章 9〜10月 学級の Starting Over

学級経営の
基礎・基本と
低学年の学級経営

1 | 学級経営の鉄則

1 授業成立の十分条件

　機能的な集団，つまり，学級として学習や生活が成り立つための鉄則があります。学級が機能していない状態で，あなたがどんなに，楽しい授業，魅力的な活動をしようとしても，それは通用しないのです。それは，あなたにとって楽しい授業であり，あなたにとって魅力的な活動であって，子どもにとっては必ずしもそうとは限らないからです。

　これまで学校教育では，良い授業というのは，教師目線で研究が進められてきたところがあります。つまり，教師の良いと考える授業が良い授業とされてきたのです。

　もちろん，教師が良いだろうと思った授業，うまくいくだろうと思った活動をしたときに，それらがヒットすることがあるでしょう。確かに，教師が工夫したからであることは間違いないでしょうから，そこに嘘はありません。しかし，教師が工夫さえすれば，子どもたちみんながいきいきと授業に参加するのでしょうか。そんなことは，ありませんね。教師の工夫や努力は，必要条件かもしれませんが，十分条件ではありません。

　授業の成功においては，子どもたちが，授業に対して「やる気になる」ことが求められます。つまり，子どもたちの意欲が十分条件です。

2　学びの3要素

　元文部科学省教科調査官，安野功氏は，下図のようなモデルを示して，学力向上の秘訣を説明しています[1]。安野氏は，学びの要素を「学習意欲」「学習の質」「学習の量」とし，これが積の関係にあり，この立体の体積が大きければ，学力向上へ進むと言います[2]。この図では，質の良い学習が一定量以上必要で，しかし，良質，適量の学習も，意欲のない子には入っていかないことがうまく表現されています。積の関係なので，どれか一つでも0に近づくと，総量は，限りなく0に近づいていきます。しかし，実際には，教師は，教科書の内容に準拠した授業を規定時間行っているわけですから，量と質は，ある程度担保されていることでしょう。したがって問題となるのは，意欲の部分です。

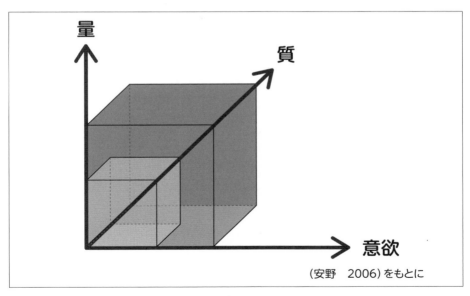

（安野　2006）をもとに

図1　学びの3要素（安野，2006 をもとに）

多くの教室では，質の保証された規定量の授業は，なされています。しかし，意欲の部分にばらつきがあるのではないでしょうか。子どもが，学力をつけるのは，授業ではありません。学習によってです。授業とは，教師が行うことであり，学習をするのは子どもたちです。もし，あなたのクラスの子どもたちに学力がついていないとしたら，あなたは授業をしているかもしれませんが，あなたのクラスの子どもたちは学習をしていないと考えられます。つまり，

> **あなたの「授業」を，「学習」に転移せしめるのは，子どもたちの学習意欲**

なのです。

　では，どうしたら，子どもたちの学習意欲は高まるのでしょうか。子どもたちのやる気が出ないのは，子どもたちの適応の結果です。やる気が出る，出ないには，ちゃんとした理由があり，それは心の仕組みと関係しています。奈須正裕氏は，「カギは，あなたがおかれてきた環境と，それをあなたがどう解釈してきたかにあります。意欲が出ないような環境におき続けられ，あるいは意欲が出ないようなものの考え方をしてきたから意欲がでないのであって，それ自体はきわめて理にかなった，つまり合理的なできごと」だと説明します*3。

　つまり，最初から無気力な人など存在せず，やる気を出しても無駄だという環境で，やる気を出しても無駄だということを学んだ結果，やる気を失った状態になるということです。子どもたちのやる気の問題は，子どもたちの置かれた環境の問題なのです。子どもたちの置かれた環境，つまり，学校生活においては，学級の在り方，そう，学級経営の問題ということになります。だから，学習意欲だけを単独で取り出して高めようとしても極めて難しいのです。意欲は，環境から生まれ出るものだからです。学習意欲を高めるためには，学校生活全体の意欲を高めなくてはなりません。

3　学級の機能を高める手順

　一人一人の意欲が高い，機能の高い集団をつくるには手順があります。本書では，集団機能を高める詳細な説明は省きますが，おおよそ，下図のような段階があります。

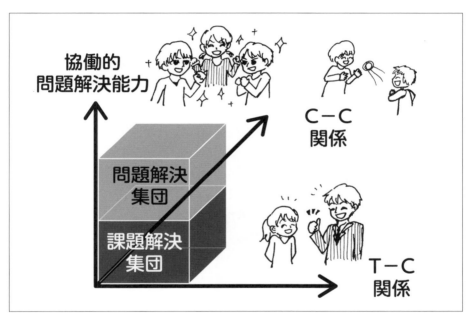

図2　学級の機能を高める手順

（1）教師と子どもの信頼関係づくり

　学級集団は，教師と子ども一人一人の個別の信頼関係の積み重ねで形成されていきます。何をおいても，何があってもここを疎かにして学級集団は成り立ちません。嫌いな人が何を言っても，子どもたちには届きません。子どもたちが，教師を信頼していない状態で，教師が言うことを聞かせようとす

ると，子どもたちは反発して言うことを聞かないか，言うことを聞く代わり
にやる気を失います。みなさんが，やりたくないことをやらざるを得ない心
理状態を想像してみてください。容易に想像できるのではありませんか。信
頼できる人が，「やってみよう」と言うから，子どもたちはやる気になるの
です。

（2）子ども同士の信頼関係づくり

　教師と子どもの間に信頼関係ができることで，クラスはかなり落ち着きま
す。しかし，それは学級経営のスタートラインに立ったに過ぎません。次は，
メンバーの関係性を強化します。つまり，子ども同士の人間関係を形成して
いきます。子どもたちのことを考える前に，みなさんのいる職場を考えてみ
てください。職員室の関係が良かったら，みなさんの自由度は増しますよね。
それが緊張状態だったらどうでしょう。おそらく，自由に発言はできないし，
思ったことはやれませんよね。逆に，支持的な雰囲気があったらどうでしょ
う。あなたのやっていることを認めてくれて応援してくれる人が一定数いた
ら，あなたの自由度は相当に高まるのではないでしょうか。私たちが意欲的
に過ごすためには，支持的風土が必要なのです。

　教師と一人一人の子どもの信頼関係，そして，子ども同士の人間関係があ
る程度できると，機能的な学級の「底面」ができます。

（3）協働的問題解決能力の育成

　学級経営の目的は，仲良し集団になることではありません。仲が良いこと
は通り道です。仲が良いというのも誤解を招く表現かもしれません。正確に
は，協力的関係を築きます。協力的な関係がなぜ必要なのか。それは，協働
的問題解決ができるようにするためです。協働的問題解決とは，他者と力を
合わせて問題解決をすることです。

　学習指導要領で求める資質・能力の中核となる能力が協働的問題解決能力
です*4。これから子どもたちが生きていく激動，激変の時代には，子ども

たちは絶え間なく問題解決，課題解決を繰り返しながら生きていくことになります。自分を生かし，他者を生かす，そんな生き方が，よりよい社会をつくり，幸せな人生を送るだろうと考えられているわけです＊5。

　これからの学級経営は，授業の土台という役割ばかりでなく，子どもたちが積極的で建設的な生き方を学ぶ環境としての役割が期待されているのではないでしょうか。

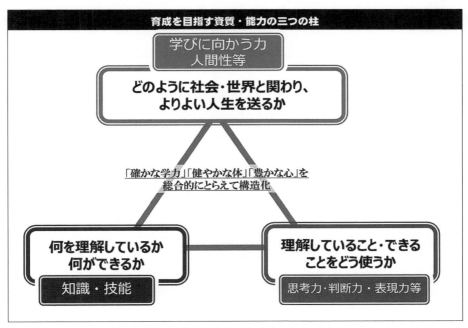

図３　育成を目指す資質・能力の三つの柱

中央教育審議会「幼稚園，小学校，中学校，高等学校及び特別支援学校の学習指導要領等の改善及び必要な方策等について（答申）補足資料」より

2 低学年という発達段階

1 「登校しぶり」に学ぶ低学年の学級経営

　１年生を担任すると，多くの教師が体験するであろう問題の一つに，「登校しぶり」があります。私が小学校の教師だったときも，最初の１年生を担任したときに経験しました。

　千尋さんは，入学２日目から学校に来るのを嫌がりはじめました。千尋さんが登校をしぶる度に，お母さんが理由を聞いてくださったのですが，その理由は毎日変わりました。「親しい子が欠席して，さびしかった」「隣の子が恐い」「給食がおいしくない」，時には，「通学途中で犬に吠えられた」というのもありました。とにかく様々でした。

　それでも，泣きながら母親に引きずられるようにして学校へ来ていました。しかし，結局，玄関まで来て帰ったり，母親と午前中授業を受けて，給食前に帰ったりしました。

　私は，初めての経験で戸惑いはしましたが，一つ決めていたのは，「登校をしぶる原因については彼女とは話さない」ということす。なぜならば，登校をしぶると先生が親身になってくれるという状態をつくりたくなかったからです。

　教師とのコミュニケーションの少ない子が，注意したり叱ったりするとよ

り行動をエスカレートさせるのは，注意や叱責がコミュニケーションの機会になってしまうからです。子どもたちにとって，一番つらいのは，無視されることです。無視されることよりも，注意されたり叱られたりすることの方がマシだと判断するわけです。

　千尋さんは，しばしば登校をしぶりますが，学校に来ている日があるわけですから，そのときに，一緒に鬼ごっこをしたりお絵描きをしたりして楽しく過ごしました。

　同時に，お母さんとの面談も繰り返しました。お母さんは，お兄ちゃんがそうだったように，妹も毎日学校に楽しく通ってくれるものと思っていました。しかし，いざ入学してみると登校を嫌がるものですから，かなり面食らい，不安な日々を過ごしていました。面談の度に，「大丈夫ですよ。お母さん，千尋さんは学校にいるときは，本当に元気で……」と千尋さんががんばっている様子を伝え，「千尋さんの笑顔を信じましょう」とお話ししました。

そして，お母さんに笑顔でご自宅に帰っていただくようにしました。お母さんが不安になると，お母さんの不安な感情が，千尋さんの登校しぶりを強化すると考えたからです。千尋さんは，お母さんを困らせたくて登校しぶりをしているわけではありませんが，お母さんの感情的な注目が，そうした行動の強化子になり得るわけです。「注意されても叱責されても，無視されるよりマシ」と同じ判断がなされています。普通にしているよりも笑顔でいるよりも，登校をしぶった方がお母さん（家族）のより多くの感情的注目が得られるという判断です。

　千尋さんが「登校していること」「勉強をがんばっていること」「仲間と楽しく遊んでいること」など積極的な行動に注目し，「登校をしぶること」という消極的な行動に注目をしないようにし続けた結果，多少時間はかかりましたが，３学期からは，登校しぶり０，欠席０となりました。２年生になってからも，風邪による欠席が３日だけでした。本人もお母さんも，「あのときが信じられない」と言っていました。

2　安全基地になること

　私たちが，何事かにチャレンジするとき，また，意欲をもつときに必要なのは，心理的安全性だと言われます。私たちは，安心しないとやる気を出せないのです。そして，私たちが安心するためには，まず，安全基地となる人が必要です*6。失敗をしたら逃げ込める人，そして，行動を見守り応援してくれる人です。千尋さんにとって，おそらく学校はとても不安に満ちた場所だったことでしょう。千尋さんが，大きな不安を抱えていたことは，登校しぶりの理由が日替わりで変化したことからも推察されます。

　そんなときに，なぜ，登校しぶりをするのかという原因を追求しても，それは不安を増幅するだけです。それよりもまず，教師が彼女の積極的な行動に注目し，安全基地になることが大切なことです。安全基地になるには，相手を「まるごと」受け入れることです。登校しぶりの原因を追求することは，

彼女を支援しているようでいて，実は，自分自身が安心したいがためだったりすることがあります。「まるごと」受け入れるとは，文字通りまるごとですから，「登校しぶり」場面以外の千尋さんにも積極的に注目することが必要です。

　低学年の学級経営には，まず，教師が一人一人の子どもにとっての「ぼくの先生・私の先生」になること抜きにあり得ません。

3 低学年の学級経営のポイント

　青戸泰子氏は，ピアジェの発達理論に基づき「6歳までの幼児は他律的道徳が優位であるが，9歳頃から自律的道徳へと変化していく」と述べています*7。また，「ルール概念では，『規則は権威者が決めるもので変えることができない』といった他律的な考えから，しだいに，『規則は，合法的な手段のもとで同意によって変えることができる』といった自律的な考え方に発達する」とも言っています*8。

　発達心理学から見ると，小学校低学年（7歳，8歳）の児童の道徳性は，他律的で，規則に関しては，教師が決めるものだととらえる傾向があると考えられます。学級集団成立の基本は，ルールの確立です。したがって，教師がルールを指導できるだけの信頼関係を形成しておくことが必要です。信頼関係のない教師が，ルールを決めてそれを守るように指導すると，子どもたちはそれを守るかもしれませんが，その行為は強制になってしまいます。そうした「服従の時間」が，それ以降の教師主導，受け身体質の学校生活の基礎になる恐れが生じます。

　そうした観点で，本書で示す学級経営を見てみましょう。北森氏が，子どもたちの一人一人の安全基地になろうとしていることは，明らかです。

　第2章2節「学級づくりのスタートダッシュ」を見るだけでも，その徹底ぶりがわかります。担任の願いを楽しく伝え，これから生活する空間のイメージを伝えています（1）。そして，ほめることで全員とかかわろうとしています（2）。北森氏の関心が，ひとり残らず全員であることが「まんべん

なく」という言葉に表現されています（③）。

　一方，北森氏は，あたたかでありながら実に周到でもあります。その象徴が，「子どもたちのことを思い出す時間」の設定です（⑦）。学級担任の仕事は，スタートから６月に向けて，猛烈に忙しくなってきます。担任の忙しさと，子どもたちの意欲は，反比例するように変化します。担任から多忙オーラが出れば出るほど，４月のあのはつらつとした空気はなくなり，それに代わって淀んだ空気が入り込んできます。大抵の理由は，学級の機能を高める手順（p.15）で示したように，教師と子どもたち一人一人の信頼関係に揺らぎが生じたために，子どもたちの意欲が減退していると考えられます。なぜ，子どもたちの意欲が減退するのか。それは「教師の関心が子ども以外のものに逸れる」からです。

　北森氏は，教師の職務の性格上起こりがちな教室内の人間関係の揺らぎを防ぐために，子どもたち一人一人のことを考える時間をとっているのだと考えられます。子どもたちに出会う前に，「今日，あの子とあんなことを話そうかな」と思ってみてください。また，一日の終わりに「今日，あの子はあんな様子だったな」と思い出してみてください。子どもたちとのコミュニケーションが変わることでしょう。これを，思いつきや感情にまかせるのではなく，職務上のシステムとして実践しているのです。

　北森氏は，まずは子どもたち一人一人と個別の信頼関係をつくることに全力を注ぎ，クラスという船に乗せます。最初は，北森氏は船長であり，船の漕ぎ手でもあります。しかしやがて，だんだんとその船を自分たちで動かすことができるように少しずつ，オールを子どもたちに手渡していきます。あたたかな実践の背後に隠された周到な戦略を読み取っていただければと思います。

〔参考・引用文献〕
＊１　安野功『学力がグングン伸びる学級経営　チームが育てば選手は伸びる』日本標準，2006
＊２　前掲１

＊3　奈須正裕『やる気はどこから来るのか　意欲の心理学理論』北大路書房，2002

＊4　赤坂真二『資質・能力を育てる問題解決型学級経営』明治図書，2018

＊5　中央教育審議会「幼稚園，小学校，中学校，高等学校及び特別支援学校の学習指導要領等の改善及び必要な方策等について（答申）補足資料」平成28年12月21日

＊6　赤坂真二『スペシャリスト直伝！主体性とやる気を引き出す学級づくりの極意』明治図書，2017
　　本書では，イギリスの心理学者，ジョン・ボウルビィのアタッチメント・セオリーに基づき，教師が安全基地になるための条件を考察した。

＊7　青戸泰子「第12章　児童期の発達―小学生」，松原達哉編『発達心理学　健やかで幸せな発達をめざして』丸善出版，2015，pp.208-223

＊8　前掲7

小1プロブレムなんて怖くない！

出会いの演出から始まる システムづくり

3〜5月

1 来年度は低学年担任？ 今からできることは？ 情報収集とフライング関係づくり

3学期は新年度に向けての0学期！
自分を知ることとつながることが，4月の自分を助ける！

困った場面

Q もうすぐ3学期も終わり。職員室では来年度の校務分掌が話題に上るようになってきました。そんな中，自分が低学年の担任になるのでは？という話もあります。3月の今からできることはありますか？

A 小1プロブレムという言葉が世の中に広まって，20年ほどになります。「入学したばかりの1年生で，集団行動がとれない，授業中座っていられない，話を聞かないなどの状態が数か月継続する」という，言い換えると「1年生で起きる学級崩壊」のことです。

章名は「小1プロブレムなんて怖くない！」と掲げていますが，正直小1プロブレムは怖いです。私は学級崩壊後のクラスを担任する度に，傷ついた子どもたち，傷ついた保護者の方々を目の当たりにしてきました。その傷を，1年生の新芽のように柔らかい心につけてはいけない。そう思っています。

1年生で学級崩壊すると，子どもたちは戻るべき場所を見失います。前の学年までは崩壊せずやってこられていたという「戻るべき場所」を知っていると，そのイメージをゴールとして学級崩壊を乗り越えていけます。しかし，1年生で学級崩壊してしまうと，そのゴールが見えないまま次の学年へと進んでいってしまいます。「学級崩壊」という負の海原に，子どもたちを放り出してはいけません。

低学年でも学級崩壊が起きる昨今。1年生を担当すると決まったときに必要なのは「情報収集」です。そして，2年生を担任するとき（もしくはその他の学年でも）に有効なのは「フライング関係づくり」です。

成功のポイント 🔖　**来年度は低学年担任？　今からできることは？**

　1年生を担当すると決まったら，まず保育所や幼稚園からの申し送りに目を通すと思います。しかし，どんな事前の情報も，他者のフィルターを通したものは実際使える情報とは言いにくいのが，これまでの経験から言えることです。ですので，私が1年生を担任すると決まったときにしたのは，

自分自身の情報収集

でした。1年生担任として，自分には何ができて，何ができない・わからないのかを把握しました。「今までの学年でしてきたことは1年生だとこんなふうにアレンジすれば使えそう」「1年生ってどんな言葉かけが有効なのかイメージがわかないな。低学年の経験が多い〇〇先生に聞いてみよう」など，自分の「できる，できない」がわかっていると，その対策も考えることができ，準備がスムーズです。

　また，学年を問わず新年度を見据えた事前準備として，私がしているのは，

フライング関係づくり

です。私は子どもたちとジャンケンをして，私が負けたらおみくじを引いてもらう，という遊びをしています。また，廊下で会った子たちには学年問わず話しかけています。4月の担任発表で「あいさつをほめてくれた先生だ」「一緒に長縄を跳んでくれた先生だ」とプラスのイメージをもってもらえたら，新年度をスムーズにスタートできるように思います。

ジャンケン用の
おみくじ

🖐**これで突破！**

- 自分自身の「できる」「できない」を見直して，足りないことを情報収集する
- フライング関係づくりで，どの学年の子ともつながっておく

2　教室環境をどう整える？

整理整頓を分担して気持ちを整える

> **教室で，まず物理的な居場所を確保することが，
> 子どもたちの安心感を生む！**

困った場面

Q 子どもたちがもうすぐ登校します。毎年，教室に物があふれて，学習参観前に慌てて整理したり，のれんで棚を隠したりしています。どうしたら１年間スッキリした教室を保てるでしょうか？

A 教員も教育環境の一部といわれます。厳しい言い方になりますが，

片付けられない教員は教育環境として望ましいとは言えない

のです。実際，放課後に日直として全校を点検して回っていると，その学級の荒れ具合がわかります。荒れている，もしくはこれから荒れ始めるであろう教室は，間違いなく教室環境も荒れています。無造作に投げ置かれたぞうきん。画びょうが外れた掲示物。積み重なって倒れている学級文庫。乱雑に置かれたプリント類。椅子がしまわれないままの机。それらは，片付けられない担任に学んだ子どもたちの姿であり，担任が片付けやすい環境をつくれなかった結果でもあります。

　特に低学年は，片付けるスキルがまだ十分でない子どもが多く，担任がそのお手本となる必要があります。しかし，担任が教室にあるすべての物を一手に管理して整理整頓するというのは難しいことです。また，担任だけが片付けていると，子どもたちは自分たちで環境を整えることを学べません。

　そこで大切なのは，担任の「整理」と子どもたちの「整頓」です。「整理整頓」を分業することで，１年間持続する整った環境をつくり出せます。

成功のポイント　　**教室環境をどう整える？**

　「整理整頓」の意味をご存知でしょうか。「整理」は「余計な物を取り除く」こと，「整頓」は「正しい位置に置く」という意味なのだそうです。

　ですから，まずは担任が「教室の余計な物を取り除く」ことから始めます。一番は，「持ち込まないこと」です。「赤ペンさえあればなんとかなる」という気持ちでいれば，教室の机の引き出しや棚は空っぽでも大丈夫です。

　〈余計な物の例〉

　　・低学年の子は読めないお便り等の掲示（壁面のデッドスペースになる）

　　・あると便利かも，というグッズ（毎日使わないなら必要ない）

　　・余分なケースやファイル，箱（あると無駄に物を入れたくなる）

　　・前年度に作った教材・プリント類（きっと使わない）

　　・教育書（たぶん教室では読まない）

　余計な物を取り除いたら，次は子どもたちが自分の物の居場所（物理的な居場所）を確保するための仕組みをつくります。

正しい位置に置ける仕組み‥‥‥‥‥‥‥‥‥‥‥‥‥‥‥‥‥‥‥‥‥‥‥

①ぞうきんはぞうきん掛けにナンバリングか記名をし，掛ける場所を決める。

②鍵盤ハーモニカや生活科バッグは５つずつくらいに分けてロッカーにしまえるように，出席番号で「１〜５」など，テープでナンバリングする。

③掃除道具はひもを通し，フックに何を掛けるのか明記しておく。

　大事なのは，こういった仕組みを用意するだけでなく，子どもたちに丁寧にデモンストレーションすることです。実際の物を見せてやってみせたり，説明の後，ぞうきん掛けや掃除ロッカーにイラストも一緒に掲示しておいたりします。そうすることで，子どもたちは自分たちで整頓できるようになります。

これで突破！

　・担任は「整理」に徹する。まずは「持ち込まない」こと

　・子どもたちが自分たちで「整頓」できる仕組みをつくる

3　掲示に費やす時間を減らすには？

チョーク1本から掲示楽々

4月からの作品掲示に費やす時間を短縮して，時間を有効に使おう！

困った場面

Q 新学期が始まると，図工や生活科などで掲示するものがどっと増えます。いつもその作業に時間をとられてしまいます。せっかく掲示しても，曲がっていることを指摘されて，やり直したこともあります。効率的に掲示する方法はありませんか？

A 新学期がスタートすれば，廊下や壁面の掲示板には，図工の作品や生活科の観察カード，係活動等のポスター等を掲示することになります。学級の児童数が多ければ多いほど，その掲示のための作業時間は大きな負担になります。人数分貼っても，遠目から見てみると少しずつずれているのを見つけると，「今までの作業時間は何だったのか」と絶望的になります。でも，それを放っておくことはできません。やり直していると，すっかり外が暗くなっている……ということを，私も経験してきました。ですので，新学期が始まる前に，ほんの少し準備しておくと，4月以降の掲示にかかる時間はぐっと軽減できます。

　まず，しておくといいのは，細かいことですが，引き継ぐ画びょうケースの中身を整理することです。画びょうケースの中から，使えそうな画びょうを探すのは，億劫な掲示の作業をさらに億劫にします。針が曲がっていたり，錆びついたりしているものは，思い切って処分しておきましょう。

　それを終えてから，便利なグッズ等を使って，4月以降の1年間の掲示に費やす時間を，ぐぐっと減らしていきましょう。

3〜5月

成功のポイント　掲示に費やす時間を減らすには？

白チョークで線を書く

　掲示板に１m定規等を使い，白チョーク
で水平な線を引くだけです。

　白チョークなので，目立たず，そして意
外と消えません。強くこすらなければ１年
もちます。どんな掲示板の素材（ベニヤ板，
クッション壁紙等）にも書けます。何より，

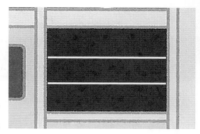

水拭きすれば消えるので，次の年度にはきれいな掲示板に簡単に戻せます。

　四ツ切画用紙の大きさに合わせておけば，あとはその線を頼りに，さくさ
くと掲示していけます。

Ｔ型定規や曲尺，アプリの水平器で水平か確認する

　ホームセンター等で買えるＴ型定規や曲尺，
もしくはスマートフォンアプリの水平器で水平
かどうか確認します。定規や曲尺の幅は，その
まま掲示物の間隔をあけるときの目安になりま

す。大きな掲示板に貼るときはどうしても曲がりやすいので便利です。

ジョイントクリップや掲示ホルダーを使う

　画用紙をジョイントクリップでつなぎ，上下のみを画びょうで留めます。
画びょうをさしたり，抜いたりする時間がほとんどなくなります。児童一人
一人の掲示ホルダーを常設できると，さらに掲示は簡単です。ただ，この方
法については，予算の関係もあるので学年で相談して行ってください。

これで突破！

・新学期前に，掲示板に一工夫したり，道具を準備したりしておくこ
　とで，４月以降の掲示ラッシュが楽になる

4 黒板メッセージは必要？

大切なのはアートではなくメッセージ

子どもたちの出会いで伝えるのは，
「出会える喜び」と「担任としての願い」

困った場面

Q 勤務校では始業式で担任として紹介される前に，子どもたちに黒板メッセージを書いておくように言われています。どの教室も人気のキャラクターを使うなど，工夫を凝らしたものばかりです。でも，何を書けばいいか，いつも悩みます。SNSにあるような上手な絵も描けないし……。

A この頃は，始業式などがある日には黒板にメッセージを書くことを学校全体で取り組んでいる学校がほとんどですね。どんなメッセージを書こうかとSNSを見ると，「黒板アート」と呼ばれる芸術作品のようなものがたくさん投稿されていて，プレッシャーを感じてしまう先生も多いようです。

　でも，子どもたちは本当に「アート」を望んでいるのでしょうか？　確かに黒板に大好きなキャラクターを書いてもらえるとうれしいでしょうし，盛り上がるかもしれません。しかし，それはあくまで「華」であって「実」ではないのです。先生が，「担任の先生は誰だろう？」と登校してくる低学年の子どもたちに伝えたいことは何でしょうか。それは，「元気に登校してくれてありがとう」「体育館で会うのが楽しみです」ということに尽きるように思います。

成功のポイント 最初の出会い

　私も子どもに人気のキャラクターは描き添えますが，何を描くかというよりは，何を書くかということに思いを巡らせます。特に低学年の子どもたちには，読みやすい繰り返しの文で出会いのメッセージを書くことを心がけています。低学年向けの絵本は，繰り返しの文章が使われ

ていますよね。それは，低学年の子どもたちに理解しやすい文章構造だからです。長く，凝った文章を書く必要はありません。写真は2年生の担任をしたときのものです。書いたのは，

　　・今日というスタートをどのような一日にしたいのかということ

　　・会うのが楽しみだということ

　この2点です。このクラスを担当したときは，小1プロブレムの嵐のあと，特例的にクラス替えをしたときでした。ですので，不安も大きかったと思い，「はじめての一日を29人でハッピーに」ということを書きました。それはそのまま，「新しいクラスのみんなで，楽しくスタートしたい」という私の願いでした。

　最後に「あとで（始業式のある体育館で）会うのを楽しみにしています」と書き加えたのは，担任紹介で出会う前に「今度の先生は，自分たちに会いたいと思ってくれている」と知っておいてほしかったのです。それはある意味，担任として初めての自己開示になり，担任紹介後の出会いをスムーズにしてくれる潤滑油になるからです。「この先生かぁ。どんな先生なのかな」と漠然と受け止められるのと，「この人が，ぼくたちと会いたがっていた先生か」というワンクッションがあるのとでは，出会い後の温まり方が違います。

これで突破！

　・大事なのは，アートではなく，メッセージ

　・「出会えることへの喜び」と「願い」を伝えよう

5 低学年担任として１年間乗り切るには？ 遊び心と休養を

3月まで乗り切るために必要なのは，「子どもたちと笑顔でいること」

困った場面

Q 初めて低学年を担任します。上学年を担任していた頃は「低学年は簡単だろう」とうらやましく思っていましたが，この頃は「小１プロブレム」と呼ばれる学級崩壊もあちこちで耳にするようになりました。１年間無事に乗り切れるか心配です……。

A 授業時数も少なく，高学年のようにリーダーとして行事にかかわることもない低学年は，一見「楽そう」に思われがちです。しかし，低学年の担任は，就学期の入口として，様々な基礎を育てる責任があります。高学年を担任していると，低学年で子どもたちが身に付けただろう力が基盤となっていることを往々にして感じます。また，この頃は「小１プロブレム」という状態に陥っている学級も珍しくありません。

では，そんな低学年を１年間担任するために必要なことは何でしょうか？それは，どの学年を担任するときにも共通することですが，特に低学年で意識したいのは，

「遊び心」と「余裕」

だと思います。

成功のポイント🖉　**低学年担任として１年間乗り切るには？**

遊び心：子どもたちと「ごく普通の日々」を楽しむ ……………

　低学年の子どもたちは，生活・遊びの中でたくさんのことを学びます。遊びの中で身に付ける社会性やコミュニケーションの力はとても大きいのです。休み時間に一緒に遊ぶことは，今後の学級づくりのヒントにもなります。

　授業にも，先生なりの遊び心が隠れていると，子どもたちは「学習は楽しいものだ」という意識をもちます。遊び心といっても，ひっ算を覚えるときに「ひっ算王に，俺はなる！」と言ってみたり，ひらがなを覚えるときに「これは，おならの『お』」と言ってみたりする程度でも構いません。大爆笑というより，クスリとする雰囲気を常に漂わせておき，子どもたちとの，「ごく普通の日々」を楽しみましょう。

余裕：睡眠と食事と休養をしっかりとる ……………………………

　「遊び心」は，心と体力の余裕から生まれます。低学年だと，子どもたちから外遊びに誘われることも多いでしょう。それを「疲れているから」と毎日のように断っていては，信頼関係はつくれません。低学年は，「スキンシップで信頼関係を築く学年」とも言えます。そのために，最も大切なのが，「睡眠と食事と休養」です。週末には好きなことをして一旦リセットすることや，平日も，その日にやるべき業務を終え次第，退勤することを心がけましょう。つらいことは言語化して吐き出しましょう。

　心身が疲れ切って眉間にしわが寄った先生では，子どもたちに安心感を与えられません。しっかり休養をとることで，笑顔で子どもたちを出迎え，はつらつと授業をし，休み時間にはウキウキと遊びの輪の中に入っていくことができれば，低学年の担任として最高です。

> **🖐これで突破！**
> ・遊び心を大切に，子どもたちと日々を楽しもう
> ・低学年担任は体力勝負。休養をしっかりとって，笑顔で迎えよう

1 学級びらきで何を話す？

担任の願いを楽しく伝える

学級びらきは，「あたたかさ」がカギ！
子どもたちの大好きなもので願いを伝えよう！

困った場面

Q 学級びらきでの担任の話が大切だということはよく聞きます。でも，集中して話を聞くことや，長い話は理解することが難しい低学年の子どもたちには，どんなふうに語ればいいでしょうか？

A 始業式のあと，子どもたちと学級に一緒に行き，そこからいよいよ学級がスタートしますね。「学級びらき」を取り上げた本には，工夫を凝らしたものが多く載っています。

ただ，学級びらきでは「見せたいこと」ではなく「伝えたいこと」を大切にしたいものです。学級びらきで伝えたいことは，これからの担任としての願いです。しかし，相手は低学年の子どもたちです。盛り上げただけでは願いは伝わりません。そこでおすすめなのは，絵本や紙芝居を使うことです。読み聞かせが大好きな低学年の子たち。目はきらきら，そして教室はしんとして，一体感のあるあたたかさが教室にあふれます。

📖 1年生におすすめ

紙芝居『みんな１ねんせい』（童心社）／絵本『いけいけ！しょうがくいちねんせい』（小学館）／『しょうがっこうへいこう』（講談社）／『一ねんせいになったら』（ポプラ社）

📖 2年生におすすめ

『ぼくとマリナちゃん』（東洋館出版社）／『あいさつ団長』（好学社）／『その気になった！』（絵本館）／『教室はまちがうところだ』（子どもの未来社）／『がっこうだってどきどきしてる』（WAVE出版）

成功のポイント 「読み聞かせ」であたたかく心を開く学級びらき

「一ねんせいになったら」を使った1年生の学級びらき

用意するもの：絵本，「一ねんせいになったら」歌詞カード，CDかオルガン

> 「1年生のみんな，入学おめでとう。今から，先生の大好きな絵本を読みたいと思います。みんなも知っているかもしれませんね」
> ・「一ねんせいになったら」を読み聞かせる。
> 「知っている人がたくさんいましたね。では，今度は歌ってみましょう」
> ・「一ねんせいになったら」を歌う（CDでも弾き歌いでも可）。
> 「一緒に歌ってくれて，ありがとう！　とっても楽しかったです！きっと，もっともっと楽しいことが，これから待っています。明日から，世界中を震わせるくらいたくさん笑っていきましょう」

「教室はまちがうところだ」を使った2年生の学級びらき

用意するもの：絵本

> 「2年生のみなさん，進級おめでとう。先生はみんなとこれからどんな楽しい1年間を過ごせるのか，ワクワクして仕方ありません。でも，きっと先生がどんな人かわからなくて，不安な人もいますよね。だから，先生が大好きな絵本を読みます。近くに来てください。一緒に読みましょう」
> ・『教室はまちがうところだ』を読み聞かせる（時々，「みんなもこんなことある？」など問いかけながら）。
> 「困ったことも，不安なことも，わからないことも，みんなで教え合っていきましょう。『まちがったっていいじゃないか』という教室を，みんなでしゃべって，つくっていきましょう」

これで突破！
- 絵本や紙芝居で，あたたかく，楽しく願いを伝えよう

2 初日に全員とかかわるには？

全員をほめる仕掛けをつくる

**慌ただしい新年度初日でも，全員に声をかけ，
全員とつながる「仕掛け」を仕込め！**

困った場面

Q 始業式の日はとても慌ただしく，クラスの全員と話す余裕がありません。バタバタしているときでも，子どもたちと言葉を交わすには，どうしたらいいでしょうか？

A 始業式の日は，とても慌ただしいですね。配りものもたくさんありますし，学級担任としての一言も盛り込みたいところです。それらを優先すると，子どもたち一人一人に声をかけるというのは，どうしてもなかなか難しいことのように思えますね。しかし，始業式にやるべきことの時間配分を考えたとき，必ず時間を設けたいのは，この「一人一人に声をかける時間」なのです。

どんなに慌ただしい日でも，全員に声をかけるチャンスは必ずあります。学級びらきでの全体への語りも大事ですが，低学年の子どもたちにとって，より鮮明に残るのは担任とのマンツーマンのやりとりです。

担任の先生からかけられた一言が，これから続く1年間のはじめの一歩を踏み出す原動力になります。

「連絡帳でほめる！」（p.39）の記名欄

38

3〜5月

成功のポイント📝 **初日の関係づくり**

全員をほめる「しかけ」

始業式の態度をほめる!

　あらかじめ「ほめるポイント」を5項目挙げておき，①〜⑤の番号をふる。始業式の子どもたちを観察し，名簿に番号をふっていく。（例：山田太郎①）

名簿をもとにほめる!

「〇〇さん，◎◎さん，お話を聞くときの背中が伸びていました。△△さん，▲▲さん，おじぎがきれいでした。□□さん，◇◇さん，拍手に心がこもっていました。●●さん，■■さん，◆◆さん，話している人を見ていました……」

連絡帳でほめる!

　連絡帳の1行目に名前を書かせる。連絡帳を書く時間がない場合は，連絡プリントに記名欄を設ける。「おうちの人をびっくりさせるきれいな字で書きましょう」と話し，書き終わった人から担任に見せに来てもらう。

文字をほめる!

・のびのびしたいい字だね。

・元気いっぱいの字だね。

・一画一画，丁寧に書いてあるね。

・濃くはっきりした力強い字だね。

・お手本のような字だね。

呼名でほめる!

　始業式後，教室に戻り，「全員の名前を早く覚えたいので，まず名前を呼びます。お返事してくださいね」と話し，全員の呼名をする。呼名はテンポよく元気に。

一言でリズミカルにほめる!

・いいね!　　　・きれい!

・元気!　　　　・かわいい声!

・大きい!　　　・おお〜

・優しい声!　　・ありがと!

・かっこいい!　・すごい!

👆**これで突破!**

・慌ただしい初日にも，一人一人をほめる時間を設けよう

・ほめるときは子どもと目を合わせて

3　子どもとつながるにはどうする？

まず自分から，まんべんなく近づく

群がる3割の陰にいる7割の子たちにもスポットライトを当てよう！

困った場面

Q 学級びらきも無事終わり，いよいよ新年度が本格的にスタートしました。低学年の子どもたちはみんな，とても人懐っこいのですが，近づいてこない子どももいて，つながり方にムラがあります。全員とつながるには，どうしたらいいでしょうか？

A 新年度のスタート。子どもたちはワクワク，ドキドキしながら登校しています。新しく出会った担任の先生にも興味津々でしょう。休み時間ごとに先生の机に集まったり，先生を遊びに誘ったり。しかし，その向こう側には，先生に近づけない子たち，先生に興味のない子たちがいます。

「みんな，人懐っこいな」と感じている「みんな」は，実は教室の3割ほどではないでしょうか。3割の子どもたちとは，すぐにつながれたとしても，残りの7割の子どもたちとはどうでしょうか。引っ込み思案だったり，そもそも先生に興味がなかったりする子どもは，先生に群がる人垣を乗り越えてまで近づいて来てはくれません。

子どもたちとつながっていくには，

自分から，まんべんなく，継続的に

が，ポイントです。

3〜5月

成功のポイント　　子どもとつながるにはどうする？

　子どもたちとつながるための方法にはいろいろあります。ですが，やるからには，新年度当初だけで終わらず，1年間継続してつながり続けられること，全員にまんべんなく届くものにしましょう。

1日4通の手紙

①小さなメッセージカードを人数分用意する。

②カードに出席番号順に氏名印を押す。

③1日4通ずつ，出席番号順に手紙を書く。

〈文例〉低学年の子どもも理解できる端的な文を。

・昨日，笑顔で「おはよう」と言ってくれて，ありがとう。

・いつも，うなずきながらお話を聞いてくれて，ありがとう。

・友だちの消しゴムを拾ってあげていましたね。優しいね。

当番活動終了のメダル

①掃除や給食，一人一役などの当番の仕事終了を知らせるホワイトボードと，そこに貼る，終了の印になるメダル（マグネット）を準備する。

②当番活動を終えた子どもたちとジャンケンをする。

③ジャンケンのついでに子どもに話しかける。

終了の印のメダル

　上手にぞうきんがけしていたね。／おかずの盛り付けがきれいだったね。／重たい机をたくさん運んだね。／いつもより早く給食の準備が終わったね。

これで突破！

・人懐っこい3割の子どもだけでなく，その陰にいる7割の子ともつながる

・どんな方法でも，まんべんなく，継続的につながれる方法を

4 素早く朝の準備をさせるには？

あの手この手で楽しくエンジンをかける

> 朝の時間で魔法をかける！　「早く早く」なしで，
> 子どもたちが動きたくなる言葉かけを！

困った場面

Q 朝の準備に時間がかかる子がいます。「早く〜しなさい」と注意することを毎日繰り返していますが，効果はありません。どうしたらいいでしょうか？

A 低学年の子どもたちは，登校した後もまだうっすらと「家にいる素の自分」が残っています。そして，準備に時間がかかる子は，何をするかはわかっていても，エンジンがかかっていない状態です。ですから，そんな中で「早くランドセルしまって」「早く宿題出して」と，「早く，早く」を連呼されても，混乱するばかりです。それでは，一日のスタートが暗いものになってしまいます。そして，やがてその「暗いもの」は登校することをしぶらせる原因にもなりえます。心がけたいことは，「早く」と急かすことではなく，

楽しくエンジンをかけること

ではないでしょうか。楽しくかけられたエンジンは，楽しかった記憶として残り，だんだんと自分でもかけられるようになります。

3〜5月

成功のポイント 🖉 朝の時間をどう過ごすか？

　楽しいと動くのが，低学年の子どもたちの魅力です。「ランドセルの中身を机にしまい，連絡ファイルの中から提出するものを出して，ランドセルロッカーにランドセルをしまう」という，無機質な動きを楽しいものに変化させる，「あの手この手」を繰り出しましょう。

あの手この手１：朝の準備実況中継

　ランドセルを机の上に置いたまま，ぼんやり座っている子におすすめです。アナウンサーの実況中継のように，その子の動きを実況します。お手製のマイクがあれば雰囲気が出ます。そのうち，テレビカメラ係も出てきます。

　「おーっと，Ａ選手，今，ランドセルに手をかけた！　そしてカギを開けて，なんと！　教科書を出した！　次は？　宿題だー！　宿題を手に，前に行き，箱に入れたー！　恐ろしい速さ！　恐ろしい正確さです！」

あの手この手２：われら準備応援隊

　準備を忘れて朝の会までランドセルが机の上にそのままのっているような子におすすめです。準備が早く終わった子に協力してもらいます。「○○さんの朝の準備，応援します！」と宣言し，手拍子をします。「フレー！　フレー！　○○！　フレ，フレ，○○！　準備だ，ファイト！　おー！」などの掛け声をかけます。運動会が近いと，さらに盛り上がります。

あの手この手３：準備終わったら絵本タイム

　絵本好きな子たちが多いときにおすすめです。「時計の針が12になったら，廊下で読み聞かせを始めるよ。ランドセルを片付けたらおいで」と声をかけます。約束の時間になったら，絵本を読み始めます。前日の帰りの会で，朝読む本を予告したり，リクエストを聞いたりしておくとよいです。

🖐 これで突破！

- エンジンがかかっていない子どもに「早く」は効果が薄い
- 楽しい「あの手この手」で，エンジンをかけよう

5　授業びらきですることは？

安心感と一体感をもって気持ちよいスタートを

> **安心して学べる雰囲気をつくり，**
> **友だちとのかかわりを生む授業を**

困った場面

Q 新年度最初の授業は，1年生にとっては，小学生として最初の授業です。教科書に文字がないのが衝撃的です。2年生は，1つ上の学年になって期待感いっぱいな子と学習に苦手意識をもつ子で差があるようです。どのような授業でスタートしたらいいでしょうか？

A 授業びらきは，1年生であれば，「教科の第一印象」を決めるものであり，2年生であれば，担任の「授業の仕方の第一印象」を決めるものです。この第一印象が良いイメージであれば，学校生活への見通しは明るくなるでしょうし，担任に対する信頼感も一歩前進することでしょう。

よく「教師は役者であれ」といいますが，低学年では特に「担任が授業を楽しんでいる姿」を見せることが大事だと思います。その楽しんでいる雰囲気は子どもにも伝わります。そして，子どもたちのがんばりに対して，素直に「うれしいな」と伝えることで，「次もがんばってみよう」という意欲につながります。

そして，その授業を支えるのは，安心感を生む担任の話し方です。

・言葉を精選して簡潔に

・メリハリに気を付け，丁寧に話す

・指示は1つ

この3つを心がけることで，子どもたちもゆったり授業に参加できます。

3〜5月

成功のポイント 📝 **授業びらきですることは？**

　授業の一部に友だちとのつながりを感じさせる展開を入れて，一体感を生みます。

〈国語〉読み聞かせとアニマシオン　まず絵本をそのまま読み，次にあえて間違えて読むことで聞く態度を生みます。友だちと「えー，ちがうよねー」と笑い合うことも大切なポイントです。

〈算数〉集合ゲーム　「猛獣狩りに行こうよ」のゲームで，数に親しみます。友だちと声をかけ合い集合することで交流します。

〈生活〉お散歩　校庭や花壇を散歩しながら，春を全身で感じましょう。手をつないで歩くと，「お花咲いてるね」など，自然と会話が生まれます。

〈音楽〉ストップゲーム　音楽に合わせた「だるまさんがころんだ」です。音楽が止まるとストップします。音楽を聴くことを楽しみ，そして，友だちとドキドキを共有できます。

〈体育〉体ほぐし　授業の最初に行う体ほぐしを友だち同士でやります。「友だちの肩を優しくトントンしましょう」などの声かけでスキンシップを生みます。

〈道徳〉あいさつゲーム　あいさつの心地よさを体験させます。目と目であいさつ，人差し指であいさつ，握手であいさつなど，徐々にスキンシップの度合いを上げていきます。1年生ならば自己紹介も入れたらいいですね。

〈図工〉ぐちゃぐちゃ交換　紙にめちゃくちゃに線を描きます。それを隣同士交換して，何かの絵に見立てて見せ合います。NHK・Eテレの「ノージーのひらめき工房」のコーナーを参考にしました。

〈学活〉学級目標づくり　どんなクラスにしようかと意見を聞き合います。（後述の3①（p.50〜）に詳細を書きました。ご覧ください。）

🖐 これで突破！
- 言葉を精選して，丁寧に，そして簡潔に話すことで安心感を
- 子ども同士の交流を設けることでつながりの基盤をつくる

6 長引きがちな帰りの準備をスムーズにする方法は？ 「お楽しみ」で自分から動く

帰りの準備のタイミングと，「お楽しみ」で
子どもたちが自分から動くように

困った場面

Q 帰りの会の前にする帰りの準備が，いつも長引いてしまいます。その結果，「まだ終わらないの」「早くしまいなさい」と声を大きくしがちです。スムーズに帰りの準備をするには，どのような方法がありますか？

A 帰り支度は，まだ体の小さい低学年の子どもたちにとってはひと仕事です。早くと急かしても，個人差が大きく，なかなか思うように準備が進まないかもしれません。中にはウロウロしている間に遊び始める子も。しかし，「帰りの準備がスムーズにいかない」と困ってしまうのは，その後に帰りの会が控えているからかもしれません。だとしたら，帰りの準備は帰りの会の後にしませんか？

①5時間目（もしくは6時間目）が終了したら，机の中の教科書等を机の上に出す。

②帰りの会をする。

③帰りのあいさつを残して，帰りの準備をする。

④全員準備が終わったら「さようなら」

　この流れだと，子どもたちは早く帰れると思い，テキパキと行動します。そして，③の部分に少し工夫すると，帰りの準備が楽しいものへと変身します。

成功のポイント　　**長引きがちな帰りの準備をスムーズにする方法は？**

　帰りのあいさつを残して，帰りの会のプログラムを終えたら，「お楽しみ」を用意して，帰りの準備に取りかかります。

1分後に読み聞かせをする

　「今日はこの本を読みますね」と予告して，「では帰りの準備をしましょう」の声かけをします。1分経ったら，黒板の前で読み聞かせをします。準備が終わった子から，好きな場所でそれを聞きます。絵本は担任が選んでも，子どもが選んでもいいですが，短めの絵本を選んでください。長いと下校時刻に響きますが，短いと「早く準備しなきゃ終わっちゃう」と子どもたちが張り切ります。

音楽をかける

　子どもたちが好きな音楽を選び，その曲を流します。できれば，ノリのよい元気な曲がいいです。その音楽が鳴っている間に準備が終わるといいねと声をかけて，帰りの準備をします。歌いながら楽しく準備できますし，歌を聴きながら「あ，そろそろ曲が終わりそう」などの予想ができるので，動きも素早くなります。

帰りの準備大会

　帰りの準備にどれだけ時間がかかったかを競います。「帰りの準備スタート！」から全員が帰る準備を終えて着席するまでの時間を計って，毎日記録していきます。いい記録を出そうと，友だちのランドセルを配る子も出てきます。元ネタは海見純先生の「給食準備選手権大会」(2015) です。

これで突破！
- 帰りの準備のタイミングを考える
- 帰りの準備に，小さな「お楽しみ」を組み込む

〔**参考文献**〕赤坂真二編著『クラスを最高の雰囲気にする！目的別学級ゲーム＆ワーク50』明治図書，2015

7 振り返りを学級づくりに生かすには？

子どもたちのことを思い出す時間をもつ

全員の下校を見届けた後の10分を，その日のリフレクションタイムに

困った場面

Q 先輩教諭や管理職からは「子どもたちのよさを見つけなさい」「それを学級づくりに生かしなさい」と言われますが，そもそもゆっくり振り返る時間がもてません。何かいい方法はありませんか？

A 低学年を担任するよさの一つは，「下校が早い」ことです。丸つけや片付け，ノートを見ることに使うだけでなく，10分だけその日の振り返りに使ってみませんか。「振り返る」というのは，具体的にいうと子どもとのエピソードや，発見を記録することです。時間がないときは，思い出すだけでも構いません。ぼんやり教室を眺めているだけだと，特定の目立つ子ばかりが思い浮かびがちなので，一人一人を思い出せるように，動いてみましょう。

・机を水拭きする。

・机を整頓する。

・ランドセルロッカーを点検する。

・廊下の子どもたちのぞうきんを点検する。

・玄関で見送った後，内履きを整頓する。

ほんの少しの時間ですが，自然とその日のその子の様子が思い浮かびます。思い浮かばないとしたら，その子は「エアポケット」に入っているのです。

成功のポイント 振り返りを学級づくりに生かすには？

　放課後，子どもたちとのその日の出来事を思い出すことに少し手を加えると，データとなって，学級づくりの参考となる資料になります。ここで発見したいのは，

> **エアポケットに入っている子ども**

です。全員とかかわっていると思っていても，かかわりの度合いにはグラデーションがあります。また，ランドセルロッカーやぞうきんの掛け方が乱れていると，子どもの心も落ち着かない状態なのかもしれません。それを把握しているかどうかで，次の日の子どもへのかかわり方が変わります。

座席表にマークする

　机を整頓するついでに，その日にあまりかかわることができなかった子を座席表にマークします。簡単に〇を書き込むだけでも構いません。マークすると「この前もマークしたな」と，見落としがちな子どもを意識することができます。「こんな話をしていたな」と発見したことを書き込むのも有効です。〇をつけた子とは，次の日に意識的にかかわるようにします。

カレンダーにマークする

　ランドセルロッカーやぞうきん等が乱れている子を記録します。フルネームではなく，さっと書けるような略語や出席番号で大丈夫です。カレンダーに書くと，月曜日に弱い子，週の半ばで疲れる子，特定の曜日（習い事の次の日など）に落ち着かない子など，落ち着かなさにリズムを見つけられます。そうすることで，子どもにかける言葉が変わってきます。

> **これで突破！**
> ・放課後の10分を積み重ねることで，子どもたちとのかかわりを振り返る
> ・マークした子と次の日に意識的にかかわることで，つながりをつくる

1 学級目標って何？

学級の羅針盤

学級目標を決める話し合いは，子どもたちの自立と自律への第一歩

困った場面

Q 学級目標を決めて掲示するように言われますが，学級目標ってそもそも何なのでしょうか？　ただの飾りのようになっている気がします。

A 学級として同じところを目指していかなければ，子どもたちは簡単にバラバラになります。航海士たちが羅針盤を見て未開の大海原を進んだように，学級目標は学級の羅針盤です。学級目標を決める方法はいろいろありますが，「決め方」より，その前に必要な「学級目標を決める心構え」を低学年では大切にしています。

> 「これから，学級目標という，クラスの目当てを決めます。これは，『こんな１年生になろう』と考えて，みんなで目指す，とても大事な目当てです。３月に年長さんとして立派に卒園して，この前の入学式も堂々とできたみんなだから，きっと素敵な学級目標を考えられると信じています」

これは，学級目標を決める前に１年生の子どもたちに話したことです。「大事なことは，自分たちで決める」「みんなは決める力をもっていること」を伝えました。そうすることで，「学級目標は自分たちで決める大事なもの」という意識も自然に生まれます。

成功のポイント 🖉 **学級目標って何？**

　学級目標は，掲示しただけではただの風景の一つになって忘れられていきます。忘れられなくするポイントは，

> 大型掲示だけでなく，子どもたちに忘れられない仕掛けをつくる！

ということです。学級目標が常に子どもたちの意識の中に沁み込んでいくように，仕掛けをつくりましょう。

仕掛け例１：子どもたちに仕上げさせる

　パソコンで打った文字やイラストを切り貼りしただけの掲示もありますが，できれば子どもたちの創意工夫を入れたいものです。パソコンの文字だとしても縁取りだけにして色は子どもたちに塗らせたり，学級のシンボルも決めてそれを絵にしてもらったり。ひと手間でいいので，子どもたちに委ねましょう。

仕掛け例２：楽しく目に触れさせる

　教室の大型掲示だけでは親しみはわきません。楽しく目に触れる掲示もあると親しみもわきます。例えば，教室の入口に学級目標と大きな鈴をつけると，鈴を鳴らそうと掲示を見上げる度に学級目標が目に入ってきます。

入口の掲示

仕掛け例３：朝の会で確認する

　朝の会のプログラムに「学級目標の確認」を位置付けます。「学級目標を確認しましょう。さん，はい！」と日直が言い，みんなで学級目標を読みます。たった数秒で簡単に，かつ確実に学級目標を意識付けられます。

🖐これで突破！

- 「自分たちで決めるんだ」の気持ちを引き出す言葉かけをする
- 学級目標を意識付ける仕掛けをつくる

2 給食当番はどうすれば？

全員で働き，担任も働く

**一人一人が動きやすいシステムをつくり，
働くことに楽しさを見出す**

困った場面

Q 給食の準備に時間がかかってしまい，食べ始める時間が遅くなります。食べる時間も短くなり，昼休みにも影響している毎日です。スムーズに給食の準備を進めるにはどうしたらいいでしょうか？

A 食缶運び，食器運び，盛り付け，配膳，テーブル拭き……低学年にとって，給食当番というのは重労働です。1年生だけでなく，2年生になっても，給食の準備に手間取ってしまう学級もあるようです。給食当番のシステムが子どもたちにフィットしていないと陥りやすい状況だと思われます。

そのため，給食当番の仕事には，はじめの一歩として，次のことが求められます。

全員働くように仕事を創出する。

仕事がないと時間を持て余し，遊び出す子や仕事をしている子に話しかけてしまう子も出てきます。全員に仕事を割り振り，それを掲示などで明確に示しましょう。ただ，掲示を作っても「見ておくように」では見ないのが低学年です。月曜日の4時間目が終了する数分前に，仕事を確認する呼名をしましょう。「岡田さん，1班の机を拭きます。畠山さん，2班の机を拭きます」と，名前のあとに仕事を伝えると，子どもたちが自分の仕事だと理解しやすいです。

成功のポイント 　**給食当番を学級づくりに生かすには？**

　給食当番や配膳の仕方には，学食方式（各々がお盆を持ち，順々にお皿を載せて席に運ぶ）やレストラン方式（ごはん担当，お椀担当，おかず担当で仕事を分担して机に置いていく）など様々な方法があります。でも，結局はどんな方法でも，「動きたい」と思わなければ動かないのです。どのように給食当番に意味付けをするのか，どうやって子どもたちの気持ちを高めるのか，それが成功のポイントです。

タイムトライアル

　準備の時間を競い合います。「先週の最高記録は10分だった」と他のグループと競い合わせたり，「前回のあなたたちは10分が最高記録だった」とそのグループの記録同士で比べたりします。ただ，タイムを縮めようと慌てやすくなる弊害があるので，落ち着いて準備するように声をかけてください。

お仕事終了メダル

　仕事が終わったら，給食当番表にマグネットをつけるなど，仕事を終了した印をつけていきます。その際には，担任のところに来て「〇〇しました」と報告してもらい，ジャンケンやハイタッチなどのスキンシップをとりましょう。仕事が終わったら楽しいことが待っているという見通しをもたせることができ，早く仕事を終わらせようと張り切ります（p.41参照）。

担任がモデルとなる

　低学年にとって，当番のあるべき姿を見せられるのは担任です。「テーブルはこうやってぞうきんを畳んで，こう拭くよ」「盛り付けはこうするときれいだね」「ここを持つと，食缶も運びやすいよ」など，一緒に働く中でゴールとなる姿を直に見せていきます。そのときは笑顔で楽しそうに働きましょう。

これで突破！
- タイムトライアルやスキンシップで仕事に楽しさをプラスする
- 担任がモデルとなり，働く楽しさを見せる

3 掃除当番はどうすれば？

掃除を楽しい時間に

友だちと話し合い，自分で決め，そして，働くことに楽しさを見出す

困った場面

Q 掃除が時間内に終わりません。特に教室掃除は，机の上げ下げもあるので，時間をオーバーしがちです。掃除にみんなが楽しく意欲的に参加する方法はありますか？

A 低学年の子どもたちは体が小さく，掃除道具の使い方も慣れていないことが多いので，掃除の時間は戸惑うことやしんどいことの連続です。また，時計の読み方や，時間の感覚もまだ身に付いていないので，時計を見て掃除を進めることは難しいです。低学年の子どもたちにとって，掃除の時間はチャレンジすることの連続なのです。教室掃除は，前半分，机の移動，後ろ半分，机の移動という４ターンで行う場合が多いので，特に大変です。

　楽しくないことはしたくない低学年ですから，

掃除を楽しい時間に変える＝掃除をスムーズにする

ということを考えましょう。東京学芸大学附属世田谷小学校の沼田晶弘先生の「ダンシング掃除」は有名ですが，ダンスを踊らないまでも，BGM の切り替えで低学年の子は時間を意識できるのでおすすめです。曲は４分程度の元気な曲を選び，それを４回繰り返します。最初の１回目で前半分の掃除，２回目で机の移動，３回目で後ろ半分，４回目で机の移動と整頓。机の移動には４分かからないことも多いので10分程度で教室掃除を終えることができます。

3〜5月

成功のポイント　掃除当番を学級づくりに生かすには？

自分で決める余地をつくる

掃除の分担は自分たちで決めてもらいます。掃除場所は学校から割り当てられていることが多いのですが，そこをどのように掃除するのかは学級裁量の場合がほとんどでしょう。子どもたちに「何をする？」「役割分担はどう交替する？」と任せます。１年生の１学期はある程度担任が決めても，後半は子どもたちに役割分担を任せてもいいのではないでしょうか。自分で決めるから，自分で動くようになっていきます。

ホワイトボードで
役割分担を相談

がんばったことを見える化する

掃除は多くの子どもたちにとって「がんばってするもの」です。「やって当たり前」のことではないのです。ですから，がんばれた証拠を何か形で表してあげることで，子どもたちは「今日もがんばったな」と思い，そして，それを見て次の日も「今日もがんばろう」と思います。

例えば，掃除をがんばれたと自分で思った子には，小さな○シールをあげます。それが10個たまると大きなシールになります。子どもたちは「今日もシールをもらうぞ」とがんばります。ここで大切なのは，

がんばった証のシール

> **シールをもらえるかどうかを他人が決めない**

ということです。たとえぞうきんがけを１回しかしなかった子も，サボりたい思いと闘って１回できたのなら，それは「がんばった」のです。

これで突破！

- 楽しく時間を意識させる
- 自分でがんばることを決めさせ，そのがんばりを見える化する

4

係活動をどうするか？

自分が楽しいことでクラスを盛り上げる

> **係活動は，担任の仕事の下請けではない。**
> **得意分野で勝負するシステムにしよう**

🐾 困った場面

Q 係活動が盛り上がりません。学級会で必要な係とその人数配分を決めたのに，子どもたちは仕事を忘れがちです。どうしたら動きたくなる係になるでしょうか？

A 係活動は，そもそも何を目的に行うのでしょうか？　そこが担任もぼやけていると，子どもたちの動きも鈍ってきます。私は，子どもたちが楽しいと思うことで学級づくりに参画することととらえています。1年生の1学期は学校生活に慣れることに精一杯でしょうから，生活に根付いた仕事を担任が割り振るのは，学級にはこんな仕事があるんだな，と理解するにはいいかもしれません。しかし，子どもたちが学校に慣れた時期に，係活動の意味をもう一度とらえ直して，子どもたちと今ある係を再構築してみてはどうでしょうか。その際にチェックしてもらいたいのは，以下のことです。

> ・担任が楽をするために，やらせている係ではないか。
> ・入りたくない係に渋々入っている子はいないか。
> ・1日1回しか活動しない係や有名無実な係はないか。

子どもたちが動きたくなる係活動になれば，担任は見守るだけで大丈夫です。

では，子どもたちが動きたくなる係活動とは何でしょうか。私は，「自分が楽しいと思うことができる係」だと考えています。

成功のポイント 🖋️　　**係活動を学級づくりに生かすには？**

係のメンバー募集をする

　「学級目標を自分の得意なこと，好きなことで達成しよう」と説明し，「クラスでこんなことしたい」ということを紙に書かせます。そして，似ていることを書いている子ども同士で集まります。もし，「自分一人でやりたい」という子もいたら，その子の思いを大切にしてください。

係活動のイメージ

学級目標を意識させて，内容を決める

　「学級目標の〇〇を達成するために，〜をします」など，学級目標を意識させて，係の活動内容を決めます。ただ好きなことをすればよいのではない，ということを理解させます（例：「スポーツ係」…「元気なクラス」を達成するために，休み時間にドッジボール大会をします）。

定期的に振り返りをする

　係活動を作っただけでは，活動は停滞します。そのため，週に1回ほど，振り返りや企画を考える時間を設けます。1回15分間ほどで十分です。時間がとれないときは，「係で給食を食べる日」を設けるのも手です。

自由に活動できるように準備する

　子どもたちが「〇〇使っていいですか？」「〇〇貼っていいですか？」というように担任にその都度お伺いを立てていては行動が停滞します。ですから，画びょう，コピー用紙，画用紙，マジック，ガムテープなどの道具や，係のお知

らせ専用の掲示コーナーを設置します。それだけで，子どもたちは思い立ったときに，すぐに行動に移せるようになります。

> 🖐 **これで突破！**
> ・子どもたちが「楽しい」と思うことで係活動をつくる

5

ほめ合う時間をどう設けるか？

自分のがんばりを言語化してもらう

**自分ががんばっていることをメタ認知できない低学年。
だったら友だちから言語化してもらおう**

困った場面

Q 子どもたち同士でほめ合う活動を帰りの会にしているのですが，同じ子ばかりがほめられたり，ほめることが具体的でなかったりして，形骸化しているように感じています。子どもたちは様々な活動でがんばっているのですが，それを子ども同士で伝え合うにはどうしたらいいでしょうか？

A がんばりを認め合える子どもたちって，とても素敵ですね。友だちからのプラスの言葉かけは，安心を生み出し，次の活動への勇気となります。低学年は，友だちのため，学級のため，担任のために動くことを楽しめる子どもが多いです。でも，自分の働きをちゃんと自覚できる子は少ないです。だからといって，毎日ほめ合う時間を設けて「さあ，ほめ合ってごらん！」と野放しにしても，子どもたちは戸惑うかもしれません。話す子が限られたり，ほめることがワンパターンになったりと，それだけでは先生の狙う効果は見られないかもしれません。

ほめ合う，認め合うには，以下の4点が大切です。

①なぜほめ合う，認め合うのか，目的と方法を話す。

②友だちを認める言葉や，素敵だと思う行動を共有する。

③友だちを観察する期間を設ける。

④全員がまんべんなくほめられるシステムにする。

3〜5月

成功のポイント 🖊️　ほめ合うことを学級づくりに生かすには？

　菊池省三先生の「ほめ言葉のシャワー」，赤坂真二先生の「ほめほめタイム」など，子どもたちがお互いのよさを認め合う時間の実践には，枚挙に暇がありません。

　その中で，低学年の子どもたちにおすすめしたいのは「形に残る」ということです。1回聞いただけでは理解できなかったり，聞き逃してしまったりすることもありますが，自分を認めてくれる言葉が手元にあれば，何度も読み返したり，家に持ち帰って保護者に見せたりすることができます。「形に残る」という点では，大阪府の松山康成先生が実践している「ポジティブカード」は低学年にこそ取り入れてほしい活動です。私のやり方はこうです。

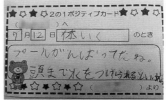

① 月曜日に，誰が誰にカードを書くのか班で決める。

　その際，金曜日になっても書けない子がいたら，代わりに別の人に書いてもらってもいいことを話す。

② 月曜日から金曜日まで，カードを書く友だちを観察する。

③ 素敵な行動を見つけたら，ウォールポケットに入れていく。

④ 金曜日の帰りの会で渡す。

　この活動では，全員が認められ，全員が友だちのよさを観察できます。自分がしていた些細なことが，友だちにとっては「すごい」と思うことなのだと理解したり，「もっとがんばろう」とやる気になったりします。

✋**これで突破！**

- ほめ合うには，その目的を話し，ほめるバリエーションを示す
- 全員が認められ，全員が認めるようなシステムにする

〔**参考文献**〕栗原慎二編著『PBIS 実践マニュアル & 実践集』ほんの森出版，2018

6 楽しく動ける子どもたちにするには？ 「働く自分」を可視化する

> **「やらされ感」ではなく，「やりたい感」の
> あふれる活気あるクラスにしよう**

困った場面

Q 配り物やごみ拾いなど，担任の見ていないところでも動いている子どもたちがいます。ただ，その全部に声かけはできず，見逃しているように思います。一方で，そういう友だちの姿に気付かなかったり，価値を見出せなかったりする子どもたちもいます。自分で動いている子を見逃さず，そして，自分も動きたいと思えるような取り組みはないでしょうか。

A 係活動や一人一役など，子どもたちが責任をもってやる仕事だけでなく，子どもたちは様々な場面で素敵な姿を見せてくれています。友だちが落としたものを拾ってあげていたり，算数でわからない問題を教えてあげていたり，「遊ぼう」に「いいよ」と笑顔で答えていたり。そのような自然で，あたたかい言動は，担任が見ていないところで行われていることも多いです。

よく，「誰も見ていないところでごみを拾う」というような行動を，美しいと評価しがちですが，素敵な行動をしたのなら，それは堂々と「私，ごみ拾ったんだよ」と公表すればよいのだと思います。そうすることで，「私もやってみよう」と友だちにその行動が広がったり，「〇〇さん，すごいね」と友だちに認められる機会を生んだりします。

ただ，「みんなのためにしたことがあったら，教えてね」と話すだけでは一部の子どもたちしか知らせてくれません。子どもたちが担任や友だちに伝えたくなるような一工夫をしてみましょう。

3
～
5
月

成功のポイント 楽しく動くことを学級づくりに生かすには？

　低学年の子どもたちは，シールやスタンプが大好きです。そして，すぐに消えてしまう耳から入る情報よりも，何度も見返せる目から入る情報を好みます。例えば，こんな取り組みはいかがでしょうか。

いいねポイントカード ‥‥‥‥‥‥‥‥‥‥‥‥‥‥‥‥‥‥‥‥‥‥

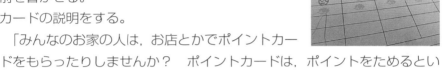

①画用紙に表を印刷して配り，表紙に好きな絵と名
　前を書かせる。

②カードの説明をする。

　　「みんなのお家の人は，お店とかでポイントカー
　　ドをもらったりしませんか？　ポイントカードは，ポイントをためるとい
　　いことがあるんです。これは，『いいねポイントカード』といって，クラス
　　や友だちのために何かいいことをしたら，スタンプを押します。たくさん
　　スタンプがたまると，それだけ誰かを幸せな気持ちにしたということです」

いいこと表 ‥‥‥‥‥‥‥‥‥‥‥‥‥‥‥‥‥‥‥‥‥‥‥‥‥‥‥‥

①模造紙に，表を書く。

②表の説明をする。

　　「この表は，みんながいいことをする
　　とシールを貼れる表です。たくさんシー
　　ルがたまると，それだけあたたかい
　　クラスになっているということです。
　　一日に何個でも貼れます。いいことを
　　したら教えてね」

　「いいねポイントカード」も「いいこと表」も，子どもたちが「〜したよ」と
スタンプやシールをもらいにきたら，これでもかとかわいがってくださいね。

これで突破！
　・自分から「いいことをしたよ」と伝えてくる活動を仕組む
　・自分のがんばりが見える工夫を取り入れる

1 宿題を出せるようにするには？

宿題をみんなでやってみる

宿題の目的は何かとらえ直し，そしてまずはみんなでやってみよう

困った場面

Q 1年生で，宿題を出すことが滞っている子どもがいます。どうしたら宿題を出せるようになるでしょうか？

A 多くの小学校で出されている宿題。低学年だと，算数や国語の反復的な内容のものが多いと思います。「これは繰り返し取り組んで覚えてほしい」「家庭学習の習慣を図りたい」等，担任としての思いをもって宿題を出しているのに，特定の子どもが提出しないでいるのは，気がかりですね。ただ，「家庭でも声をかけてほしい」と保護者に連絡を入れることはできても，それがすぐに子どもの行動として表れるとは限りません。また，様々な家庭環境，発達の様相があり，一律に学校が求めることを達成できるとは言えません。

では，学校でできることは何でしょうか？ 「今日もやってこないなら，お母さんに電話します！」と脅すことでしょうか？ それとも，「宿題をしないなら，休み時間はありません！」と休み時間を奪うことでしょうか？そのどちらも違う気がしますね。私は，

一人でできないことは，みんなでする

という実践をしています。

3〜5月

成功のポイント 🔷 　**宿題を出せるようにするには？**

　低学年の宿題のねらいは，復習に重きが置かれていることが多いです。それならば，学校でしても，家庭でしてもいいはずです。「宿題」というのを「家庭でする学習」ではなく「補充の問題」ととらえ直せばよいのです。みんなとならできると思う子は，学校で取り組んではいかがでしょうか。

宿題フライングスタート

　今日の宿題は何かを伝え，あらかじめ配付します。例えば，算数プリントが宿題なのであれば，自分で空いた時間に解いて構わないことを伝えます。

　休み時間だけど雨でサッカーができないから，給食を早く食べ終わったから，掃除が早めに終わったからと，子どもたちは自分で時間を見つけて宿題に取り組みます。「宿題しなさい」と言われなくても，「宿題なしにするんだ！」と喜んで宿題に取り組みます。わからないことはすぐに担任や友だちに相談できますし，「自分で時間を見つけて学ぶ」という態度を養うことにもつながると思います。もちろん，「家でやる」という子もいて構いません。

宿題相談タイム

　宿題を出さない子の中には，「わからないことをどうやって解いてくるかわからない」という理由で出せない子も少なくありません。空欄があると怒られるんじゃないかという不安もあるようです。ですから，時々「今日は宿題相談タイムにしようか」と持ちかけて，みんなで宿題をします。すると，わからない字を教科書で調べている子や，ブロックで計算をしている子がいるので，学び方を知る機会になります。なかなか家庭で見てもらえない子の中には，「なんだ，調べていいんだ」と安堵する子が多いです。宿題と一人で戦っている子がいることを，忘れてはいけないのです。

✋ これで突破！

- 宿題は「家でやるもの」「一人でやるもの」という思い込みを捨てる
- 宿題のやり方を，友だちから学ぶ機会をつくる

2　低学年の自主学習はどうすれば？

学校で丁寧に指導し，練習する

**自主学習は，自律した学習者に向けた第一歩。
低学年は教室でその芽を育てる**

困った場面

Q 勤務校では，全児童に自主学習ノートを用意して，自主学習に取り組んでいます。低学年ではどのように自主学習をさせたらいいでしょうか？

A 自主学習を積極的に推進している学校が増えてきています。自学タワーやノートのコピーを掲示するなど，様々な工夫で子どもたちに自主学習に取り組むようにさせている学校が多いのではないでしょうか。

自主学習の最大の目標は，「自律した学習者」になることです。ゆくゆくは，自分で学習しなくてはいけないことを選び，それを書きためたノートを振り返れば，自分の弱点が書いてあったり，いつも間違う問題を見つけられたりする，そんな自主学習にしていけるといいですね。その入口でもある低学年では，丁寧に自主学習について子どもたちに指導していきたいものです。

・日付，目当て（〜できるようになる）を書く。
・自分の苦手なこと，間違った問題から選んで学習する。
・振り返りを書く。

上記3点が，基本的な指導事項です。

3〜5月

成功のポイント 低学年の自主学習は？

自分で選び，学校で試運転 ・・・

　初めて自主学習について教えるのは，一日の学習を振り返ることができる5時間目が望ましいです。

① 「今日は国語で〇〇，算数で〇〇の勉強をしましたね。今日の勉強で，難しいなと思ったり，間違えた問題があったりしましたか？」

② 「いろいろな『難しい』が出てきましたね。実はこの『難しい』は成長するために大事なことです。見つけられた人は，きっとぐんぐん伸びます」

③ 「今日から，みんなはこのノートで自主学習という勉強をします。でも，先生から『これをします』とは言いません。自分で決めたことを進んでやる人になるためです。今からやり方を練習しますよ」

④ 自主学習ノートに日付，目当て（苦手な〜をできるようになる）を書く。

⑤ 漢字が苦手な場合，計算が苦手な場合など，学習したいことに合わせた方法を教え，15分ほど取り組ませ，振り返りを書かせる。

⑥ 「実際に自主学習をしてみました。みんなとても集中していましたね。これなら家でもできそうでしょう？」

保護者にも伝える ・・・・・・・・・・・・・・・・・・・

　自主学習ノートの書き方や，算数や国語などでどんな自主学習ができるかのヒントをたくさん書いたプリントを出すと，家庭でも同じ視点で自主学習を見ていただけます。

保護者向けの自習学習についてのプリント

これで突破！

- 家庭で始める前に，自分で苦手なことを選び，学習することを決める練習を学校で行う
- 家庭でも同じ視点で取り組みを見守ってもらえるように，お知らせする

第 **2** 章 | **3～5月** | **4 学習のスタートで困ったときは？**
―丁寧さと楽しさを積み重ねる―

3 授業中の「待ち時間」の過ごし方は？

待たずに待つ

待ち時間を，待たせている子・待っている子の
win-winの時間にする

🤔困った場面

Q 授業中，何かを準備したり，ノートを書いたりする時間にバラつきがあって，ちょっとした「待ち時間」ができると子どもたちの集中が切れてしまいます。待ち時間をどのように過ごせばいいでしょうか？

A 低学年では，「ブロックを用意しましょう」と言って1分もかからず準備できる子から，担任の手を借りなければ準備できない子まで，個人差がとても大きいです。そのため生まれるのが「待ち時間」です。待ち時間ができると，「まだ？」と不満を口にする子が出てきたり，待たせている子が焦ってさらに手間取ってしまったりと，あまりいい雰囲気にはなりません。

本来であれば，「算数セットを机の上に置きましょう」「ふたを外します」「ふたは椅子の下に置きましょう」など，スモールステップで指示を出して，バラつきがないようにしたいものですが，すべてにおいてそうはいかず，待ち時間ができてしまうのも現実です。ですから，

待たずに待つこと

で，待っている子も待たせている子も楽しくなるようにしましょう。

成功のポイント　授業中の「待ち時間」の過ごし方は？

国語の教材文の「待たずに待つ」

音読に合流して「待たずに待つ」

　子どもたちに指示を出して，担任は音読を始めます。準備が終わった子から，担任が読んでいるところと同じところを読み始めます。

　「では，教科書の〇ページを開きましょう（〇ページと板書）。開いた人から先生の音読に合流してくださいね。『4時間目のことです。1，2……』」

国語のひらがな・漢字の「待たずに待つ」

空書きしながら「待たずに待つ」

　子どもたちに指示を出して，担任はそれまでに習った文字の空書き（空中に指で文字を書くこと）を始めます。準備が終わった子から，担任が空書きしている文字と同じ文字を空書きし始めます。

　「では，ひらがな練習帳の10ページを開きます（〇ページと板書）。開いた人から，先生と空書きしましょう。田！　縦，曲がる，横，縦，横（と声に出しながら空書き）。山！　縦，曲がる，縦……」

算数の「待たずに待つ」

フラッシュカードで「待たずに待つ」

　子どもたちに指示を出して，フラッシュカードをします。

　「では，算数ブロックを出しましょう（黒板に教師用の算数ブロックを掲示）。出した人から，フラッシュカードをします。今日は『いくつあるかな』です。はい！（カードを見せる）はい！……」

　「待たずに待つ」と，子どもたちは次の活動にいこうと張り切りますし，待っている子が生まれず，「待ち時間」が楽しい時間になります。

これで突破！

- 「待っている時間」を空白の時間ではなく，学びの時間にすることで，子どもたちのタイムラグも学びになる

4 文字の学習を楽しくするには？

少しの工夫で楽しさ無限

**子どもたちが億劫な文字の学習。
子どもたちからアイディアを引き出して，筆順を楽しもう！**

困った場面

Q ひらがなやカタカナ，漢字の書き方を指導しますが，いつもなんとなく教えている感じです。子どもたちも流れでやっているので，マンネリ化しがちです。楽しい雰囲気で進めるにはどうしたらいいでしょうか？

A 1年生の1学期は，ひらがなやカタカナとの出会いがあり，2年生の1学期は漢字がどんどん入ってきます。毎日，数文字ずつ進めるので，低学年の国語ではとても大事な時間です。その毎日の文字の学習を，どんよりとした「なんとなく」の時間ではなく，活気ある楽しい時間にできるといいですね。

文字の学習は，オーソドックスにいえば，

①書き方

②読み方

③それを使った単語，文

上記3つの要素から成り立っています。それをすべて，担任のトップダウンだけで進めては，子どもたちは飽きてしまいます。ですから，

子どもたちのユーモアを引き出すこと

で，文字の学習をワクワクさせていきましょう。

成功のポイント 文字の学習を楽しくするには？

筆順 ・・

筆順を「○○の手」でする

筆順を教えるときに，お手本を指でなぞる「指書き」と，担任の動きに合わせて空中に書く「空書き」をする方法があります。その中で空書きをするときに，最初は人差し指だけでやります。次に「じゃあ，ドラえもんの手で！」と言い，グーにした手で空書きをします。すると，子どもたちから「次はチョッパーがいい」などリクエストがきますので，「では次は○○の手！」と言って筆順をします。みんな笑顔で筆順を練習できます。

スピードアップ

筆順を空書きするときに，だんだん速くしていきます。「せぇの，いーち，にーい，さーん」と言う「亀さん」から，「いち，に，さん」と速くしていきます。子どもたちから「車の速さ！」「ボルトの速さ！」「新幹線！」などのリクエストが出てきます。

友だちの背中や手のひらに書く

担任と一緒に空書きしたら，「3人の友だちの背中に書きましょう」「隣の友だちの手のひらに書きましょう」と言います。子どもたちは盛り上がりますし，間違うと友だちに訂正してもらえます。

漢字の組み立て ・・・

ある程度漢字を習った後の2年生におすすめの方法です。漢字を語呂合わせのようにして教えます。「細い。糸田さんは細い」「ムロさんが台に乗る」「公園のハム」などと教えると，子どもたちの記憶にも残りやすいですし，慣れてくると自分で語呂合わせを考えて提案する子も出てきます。

これで突破！

- マンネリ化しがちな文字の学習の中に，子どもたちのユーモアを取り入れて，楽しく，覚えやすい時間に変える

5　開始時間に始められないときは？

開始時間にお楽しみを

**時計に合わせるのは難しくても，
楽しい活動のためなら，みんなで声をかけ合える！**

困った場面

Q 授業の開始時間がどうしても遅れます。時計の絵を掲示して，「この時間から始めるよ」という指導はしていますが，そもそも時計を見ようとしていません。どうしたら授業開始が遅れませんか？

A 低学年では，時計を読むことが難しいので，時計を見るという習慣がまだ未形成です。ですから，授業の開始時間になってもまだ遊んでいる子もいたりして，「始めますよ！」「早く席について！」とついつい急かしてしまいがちです。でも，毎時間「早く！」と声を荒げていては，子どもも担任もモチベーションが下がってからのスタートになってしまいます。できれば，楽しく笑顔で授業を開始したいですよね。

低学年の子どもたちは，時計を読んだり見たりすることは苦手ですが，楽しいことのためなら一致団結する素直さがあります。その素直さを生かすと，授業開始も遅れません。つまり，

授業のはじめにお楽しみを用意する

ということです。

3〜5月

成功のポイント 開始時間に始められないときは？

国語の授業開始のお楽しみ

あいうえおレース （元筑波大学附属小学校教諭・有田和正先生の実践の追試）

①前の授業の最後に「〇分（長い針が〇）になったら，『あいうえおレース』をするよ」と言っておく。

②授業開始時間になったら，ストップウォッチを持って「ようい！」と言う。その際，「先生，待って」と言われても笑顔で待たないのがポイント。

③「ドン！」で子どもたちはひたすら「あいうえお」を書く。１分間計って，何セット（「あいうえお」で１セット）書けたか確認する。１週間経ったら「かきくけこ」など次の行に進む。

絵本を読む

①前の授業の最後に「〇分（長い針が〇）になったら，この絵本を読むよ」と言っておき，授業開始時間になったら，静かに絵本を読み始める。

②全部読むのではなく，区切りのいいところまででとどめておく。続きは次の日の授業開始のお楽しみにしておく。

算数の授業開始のお楽しみ

そばまん10，にくだん5

授業開始の時間になったら，手拍子しながら算数の歌遊びを始める。

♪（全）そばまんじゅう そばまんじゅう （担任）３と？ （子ども）７で（全）そばまんじゅう♪（担任が言った数字と合わせて10になる数を言う）

♪（全）にくだんご にくだんご （担任）３と？ （子ども）２で （全）にくだんご♪（担任が言った数字と合わせて５になる数を言う）

50マス計算，100マス計算

国語の「あいうえおレース」のように，時間になったらスタートする。

これで突破！

・授業開始にお楽しみを仕組み，「遅れない」という気持ちをもたせる

〔参考文献〕有田和正『新・ノート指導の技術』明治図書，1996

1 連絡帳で何を伝える？

連絡帳も教育の一環

連絡帳は，家庭と学校をつなぐ窓口。
連絡帳の書き方，コメントで担任の指導が伝わる

困った場面

Q 連絡帳を書いたり，チェックしたりする時間がもったいないと感じてしまいます。連絡帳はプリント等で済ませたり，書いたらそのまま持ち帰らせたりしてはいけないのでしょうか？

A 毎日書く連絡帳。1年生のはじめはプリントですが，文字が書けるようになったら段階的に自分で書かせるようにしていくと思います。目を通す保護者も多い低学年。保護者はそこから，担任がどのように我が子を指導しているのか，そして，どれだけ目をかけてもらっているのかを感じています。

- ・文字指導が行き届き，丁寧な字で書いてある。
- ・チェックが入り，書き漏らしていない。
- ・書かせるだけでなく，説明も子どもたちにわかりやすくしてあり，保護者が質問したときに，子どもが答えられるようになっている。
- ・保護者からの連絡にコメントが丁寧に書いてある。

　こうしてみると，連絡帳は単なる連絡事項のメモではなく，教育の一環なのです。そして，保護者の信頼を得るためのツールでもあるのです。

3〜5月

成功のポイント 　連絡帳で何を伝える？

朝，連絡帳を出さない子 ·····································

　保護者から，給食での配慮のお願いや，体育の見学，早退等の連絡が書いてあることもある連絡帳。それを見逃すと保護者からの信頼も得られません。「出してね」では出せない子もいますので，担任が声をかけ忘れないこと，そして，ゆくゆくは子どもが自分で出せるようになる仕掛けを，紙1枚で作りましょう。

　白い紙に「○○さんスペース」と書き，教室の担任の机に貼ります。これだけです。名前は嫌となったら，好きなキャラクターでもい
いです。朝，そこに連絡帳等を置くように指導します。登校しても連絡帳が置かれていない場合，「○○さん，連絡帳ちょうだい」と必ず声をかけられますし，「あそこはぼくのスペース」と意識すれば自分から出すようになります。

時間がなくて，保護者からのコメントに返事ができない ·····················

　保護者からの連絡には，赤ペンで答えないことや，絵文字や「見ました」のハンコだけで返さないのは大前提です。しかし，忙しくて詳細に返答できないこともあると思います。そのときは，「ご連絡ありがとうございます。後ほどお電話させていただきます」「ご連絡ありがとうございます。明日，詳細についてお手紙を添えます」など，一言書いておくと丁寧です。

連絡帳のチェック漏れがある ·····································

　その日の連絡帳を書き，全員が正しく書けたかをチェックするために連絡帳を回収する際に「書けたら出してね」と言うだけでは，出しそびれる子もいます。それを防ぐために，生活班で一番早く書き終わった子を「連絡帳リーダー」として，他のメンバーの分も集めてもらいます。すると，子ども同士で声をかけ合うようになり，出しそびれる子がいなくなります。

これで突破！
- 連絡帳には，担任の指導や配慮が表れる。丁寧に対応を

2 保護者に思いを上手に伝えるには？

子どもの姿を提示して説得力を

学習参観や懇談会などは，保護者の心を掴むチャンス！
子どもの輝きを具体的に示そう！

困った場面

Q 学習参観では，いつも緊張して授業で顔がこわばり，それが子どもたちにも伝わってしまいます。その後の懇談会も，用意した原稿を読み上げ，保護者に自己紹介をしてもらって終わりです。これでいいのでしょうか？

A 子どもたちが，学校を安全基地とするためには，保護者が担任を信頼していることが必要条件です。4月・5月の学校行事には，学習参観，学級懇談会など，直接保護者と顔を合わせるものも多くあります。そのときに大事にしたいのは，

具体的に見せて，保護者に安心感を生む

ということです。担任がしゃべりっぱなしの学習参観では，子どもの姿が埋没します。かといって，子どもが発表するだけの学習参観では，担任の指導が見えません。当たり障りのない担任のあいさつと保護者の自己紹介のみの学級懇談会では，何も共有できません。それぞれの行事で，子どもたちのどんな姿を見せ，何を伝えたいのかを明確にもち，それを保護者に示すことが，信頼につながります。

特に，1回目の学習参観は第一印象を決める大事なプレゼンの場です。

成功のポイント　　保護者に思いを上手に伝えるには？

学習参観：子どものよさを十分引き出せる授業で安心を生む！

　４月の学習参観は，

> 子どもたちの得意分野で担任の指導方法をプレゼンする

というとらえでいきましょう。保護者が４月の学習参観で見たいのは，我が子が授業にどう参加しているか，友だちと仲良く活動できるのか，担任はどんな先生なのかという３点です。低学年は特に担任と子どもたちの信頼関係が授業に表れます。保護者は指導主事ではありません。授業の出来ではなく，担任が自信をもち，子どもたちも笑顔で参加し，担任も笑顔で接することができる単元を選ぶとよいでしょう。

学級懇談会：写真と自己紹介で安心を生む！

　学級懇談会は担任と保護者の「はじめまして」の会です。大事にしたいのは，担任が保護者の敵ではなく，一緒に子どもの教育を考える「伴走者」であると理解してもらうことです。まずは，忙しい中，懇談会に参加してくださったことに「ありがとうございます」と心をこめて伝えましょう。そして，スライドで学校生活の写真を見せ，「学校でこんな取り組みをしていて，こんなに楽しんでいますよ」と説明しましょう。１年生であれば，保護者同士も「はじめまして」の場合が多いです。自己紹介に「お子さんのニックネームといいところ」などを盛り込むと，家で聞く友だちの名前と保護者の顔が一致して，懇談会の後に「いつも遊んでもらってありがとうございます」と，あいさつもしやすくなります。保護者同士のつながりが，さらに保護者に安心感を生みます。

これで突破！

- 子どもと担任の笑顔でまず安心感を生み，保護者同士をつなげる懇談会を

北森，教員やめたいってよ
―宮城編―

　私は，教員を辞めたいと思ったことが，2回あります。

　1回目は，宮城県で初任の年。私には職員室に居場所がありませんでした。先輩教員たちとどうかかわればいいのか，独特の教員文化をどう受け入れればいいのかわからず，辞めることを考え続けた1年間でした。

　2回目は，富山県で初任の年。その学校の職員室には，誰もいませんでした。嵐のように荒れる学校の中で，子どもにも大人にも居場所がありませんでした。辞めることを考え続け，そして，震災後，ふるさとに逃げ帰ってきたことを後悔し続けた1年間でした。

　その2回の初任時代，私を救ったのは，「学ぶこと」でした。

　宮城県の初任時代。私を救ったのは，「同期からの学び」でした。同じ学校に一緒に赴任した同期のA先生は，私と違ってすぐに職場に溶け込みました。A先生は私にないものをもっていました。それは，笑顔と「ありがとう」でした。誰にでも笑顔を絶やさず，ありがとうを欠かさず。意地っ張りな私は，それがなんだか「媚び」や「負け」のような気がしていたのでした。

　少しずつ，私は笑うようになりました。まずは年の近い先生から，そして次に，その先生と仲の良い先生，さらにはベテランへ。少しずつたわいもない会話ができるようになり，職員室に自分の居場所をつくっていきました。

　困ったときには「手伝ってほしい」と言えるようになり，「ありがとうございました」と素直に言えるようになり，そして，「ありがとう」を言われるようになりました。

　媚びでも，負けでもなく，たくさんの人が協働するために大切なスキルを，私はそこで手に入れました。

ドロップアウトを防いで
6月危機を乗り切る

6~7月

1 授業中の私語が増えたら?

「これなら大丈夫だよ」を教える

だんだん慣れが出てくる6月。
「しんと」する時間と「わいわい」する時間で緩急をつけよう!

困った場面

Q 6月が過ぎた頃から,だんだんと授業中の私語が増えてきました。このまま崩れていかないか不安です。私語を減らすにはどうしたらいいでしょうか?

A 4月・5月の1学期前半は,新年度の高揚感でキリッとしていた子どもたちも,少しずつ「自分らしさ」を出してくるのが1学期の後半です。1学期のはじめには見られなかった様子に,「これまでの自分の指導がいけなかったのか?」と心を痛める先生もいるのではないでしょうか。

しかし,その「ゆるみ」とも見えるのは,子どもたちが「自分らしさを出したい」という思いから来ている行動でもあるのです。もしくは,自分の考えを誰かに伝えたいからかもしれません。でも,それが友だちのことを考えない自分勝手な行動になっているとしたら,担任として手を打たなければいけません。そこで気を付けたいのは,子どもを大人の力でおさえ付けようとしないことです。子どもたちの心はばねと同じで,成長しようとしているときに,ぎゅっとおさえ付けられると大きく反発します。それは1年生でも起こりうることで,「小1プロブレム」と呼ばれる学級崩壊もよく耳にするようになりました。

ゆるみ始めた子どもたちに伝えるべきことは,「全部ダメだ」と禁止することではなく,「しんと」と「わいわい」のバランスをとることです。

成功のポイント 授業中の私語が増えたら？

　ずっと「しんと」していることは，大人でもつらいものです。だからといって，ずっと「わいわい」しているのも落ち着きません。大事なのは，一日の流れや授業の中に，その2つがバランスよく入っていることです。

「しんと」の時間の例	「わいわい」の時間の例
・読み聞かせを聞く	・ペアトーク
・友だちや担任の話を静かに聞く	・グループの話し合い
・50マス計算や100マス計算	・学級会
・文字の練習	・作戦タイム

　気を付けたいのは，「わいわい」の時間は野放しにすると，あっという間に遊びの時間に変わってしまうということです。ですから，「わいわい」の時間の前に，しっかりマナーを教えましょう。

> ①交替で話す。
> ②友だちの話を否定しない。
> ③うなずきながら聞く。
> ④話してくれてありがとう，聞いてくれてありがとうを伝える。

　「わいわい」でも，「しんと」でも，子どもたちの素敵な姿は言葉にして伝えていきましょう。「友だちの話を邪魔しないで最後まで聞けたね」「目を見て話を聞いてくれたね」などは，正しい行動を理解するヒントになります。

これで突破！
- 「しんと」する時間と「わいわい」する時間をバランスよく
- それぞれの場面で，子どもたちにあたたかい言葉を返す

2 反抗的な態度をとる子との接し方は？ 全力で誤解を解く

**まずは，めちゃくちゃかわいがる。
そして，「あなたのことが大好きだ」と伝えよう！**

困った場面

Q 一部の子どもたちが，以前はなかった乱暴な言葉遣いや反抗的な態度を，担任に出してくるようになりました。先輩教師からは，「甘やかしちゃダメ！　ビシッと指導しなさい」と言われますが……。どのように接したらいいでしょうか？

A 1学期のはじめは「先生，先生！」と周りに寄ってきた子どもたち。その様子が少しずつ変化してくる時期です。ある子は，先生以外の居場所を友だちに見つけ，ある子は興味のあることに夢中になり，そしてある子は何かの拍子に「先生は，私に興味がない」と誤解して，離れていったのかもしれません。その小さな誤解が大きな裂け目となり，反抗的な行動に表れてきます。

　子どもたちの心の中の「愛されてるバケツ」の大きさはまちまちです。一言会話を交わすだけでバケツが満タンになる子もいれば，どんなに声をかけていても「まだまだ足りない」と思う子もいます。離れていった子は，その「愛されてるバケツ」が少し大きめだったのではないでしょうか。反抗的な言動は「バケツがいっぱいにならないの！　先生，助けて！」という気持ちの表れだとも考えられます。だから，担任としてまずすることは，最初の誤解を解くためにも，「まずは，めちゃくちゃかわいがる」ことだと思います。「愛されてるバケツ」の穴がふさがり，少しずつ満たされていくと，ゆっくりと変化していきます。

成功のポイント　反抗的な態度をとる子との接し方は？

「めちゃくちゃかわいがる」ということは，子どもに「あなたに関心をもって，いつも見守っているよ」と伝えることです。低学年のポイントは「スキンシップ」と「目に見えること」です。

スキンシップ

「おはよう」と言いながらハイタッチ　「おはよう」と言いながらハイタッチをします。もし，「うざい」と言われても，それはその子が言える精一杯の「おはよう」です。

鬼ごっこで手を繋いで逃げる　その子がつかまりそうになったら，「こっちこっち」と手を繋いで一緒に逃げましょう。「キモイ」と言われて手を払われても，「助けようとしてくれた」という気持ちは十分伝わっています。

頭ぽんぽん　机を回りながら，座っているその子の頭を撫でてあげましょう。「さわんな」と言われたとしても，担任のぬくもりは残ります。

目に見えること

机を拭いてあげる　図工で絵具がついたりしたら「ここ，汚れてるね」と，さっと拭いてあげます。他の子の机も拭いてあげますが，気になる子の机からしてあげると「一番に気付いてくれたんだ」とうれしくなります。

ぞうきんを直す　「ぞうきんが落ちていたから，直しておいたよ」と声をかけます。ぞうきんでなくても構いません。自分の物を大切にしてくれている＝自分を大切にしてくれていると感じてくれます。

連絡帳にコメントする　「今日，○○してくれていたね。ありがとう」とその日見つけたよさを書いたり，「この『月』って字は，今までで最高の美しさ！　花丸！」と一文字に花丸をつけたりするだけでもいいです。小さな行動や，ほんの少しの成長も先生は喜んでくれるんだということが伝わります。

これで突破！
・小さな「かわいがり」をたくさん積み重ねて，誤解を解く

3 一人でがんばってしまう子がいたら? 助けてもらう心地よさを

**一人でがんばるのも大事。でも助けてもらうと
「心地よい」「もっとがんばれる」を実感させる**

困った場面

Q 授業でも生活の場面でも,自分でがんばりすぎてしまう子がいます。どのような支援をしたらいいでしょうか?

A 計算がわからないのに,泣き出すまで自分だけでがんばってしまう子や,「できた?」とノートを見ようとするとサッと腕で隠してしまう子,「手伝おうか」と友だちが言っても「いい!」と追い払ってしまう子。どのクラスにも「一人でがんばってしまう子」がいます。自分の力でやりたいと思っているなら,その粘り強さを尊重しますが,そうでなく,「助けて」が言えなくて苦しんでいる子もいます。そんな子が出てきたときに,まずしたいのは,

「助けて」と言える担任になること

です。掲示物を貼るときに「画びょう持っててくれる?」とお願いしたり,配付物がたくさんあるときに「これは先生だけじゃ無理だ〜!」と泣き言を言ったりして,「助けて」という姿を子どもたちに見せていきます。そして,その後,「頼りになるぅ〜」と手伝ってくれた子どもたちに駆け寄ったり,「助かったよ〜,ありがとぅ〜!」とハグしたりして,感謝を伝えましょう。低学年には少し大げさなくらいがちょうどいいです。「大人だって助けてもらう。助けてくれる人がいるのは,とてもうれしいね」を,担任の言葉と行動から伝えましょう。

成功のポイント　　一人でがんばってしまう子がいたら？

　「助けて」と言っていいよ……と伝えただけでは，料理のレシピ本を見ているのと同じです。それを自分の言葉のレパートリーに入れるには，実際に使ってみるしかありません。低学年ですから，ゲームで楽しくやってみるのがいいでしょう。

ヘルプゲーム

　「こおりおに」とルールは一緒です。一つ違うのは，鬼につかまったら，その場にしゃがんで「ヘルプ！」と両手を上げます。言えない子は手を上げるだけでもいいです。その声を聞いたら，逃げている子が「充電！」と言って片手を握ります。2人に充電してもらったら，また逃げることができます。鬼は，充電してあげている子にタッチはできません。「人を助ける＝リスクになる」と思わせないためです。

　このゲームの振り返りでは，何人助けてあげられたか，何人に助けてもらったか，どんな気持ちだったかを確認します。しかし，もっと大事な振り返りは「『助けて』の声を出せなかった子を助けることはできたか」です。日頃「助けて」と言えない子は，手を上げているだけの子もいるはずです。その「声なきSOS」に気付いて，充電できた子のことも，しっかり取り上げます。また，助けてもらった子の気持ちも十分に聞き出してあげましょう。助けてもらった子どもたちからは，「みんなが自分のために来てくれてうれしかった」という声があがるでしょうし，助けた子どもたちからは「〇〇さんを助けることができて，うれしかった」「ありがとうって言ってもらった」という言葉が出てくると思います。すると，助けることも，助けられることも，どっちもうれしいことなんだとわかります。クラスもじんわり温まります。

これで突破！

・担任から「助けて」を言う
・ゲームでも心地よさを実感させる

4 子どもの言動に疲れたら？

心に自動翻訳機を装備する

子どもが投げてくるボールを，自分で柔らかくして受け取れば，
柔らかく返せるようになる

困った場面

Q 「死ね」「うざい」「ぶっ殺す」「キモイ」「〜しろよ」……そんな言葉を担任にも平気で使う子がいます。新学期が始まってからずっと指導してきましたが，改善がなく，その子と向き合うことに疲れてきました。これからどうしたらいいでしょうか？

A この頃，「死ね」というようなドキッとする言葉が，あたかも面白い言葉であるかのように扱われ，様々なメディアで耳にします。低学年の子どもたちにとっては，それらの言葉は罪悪感なく使われているようにも思います。

　まず，指導してきても改善が見られないとしたら，その指導方法は効果がないということです。もしくは，「そんな言葉使いません？　じゃ，何て言えばいいんだ！」と混乱させているのかもしれません。言葉遣いを改善するには，まず，「その子が本当に伝えたい気持ち」を翻訳してみましょう。

乱暴な言葉を「本当の気持ち」に翻訳して受け止める

　子どもが投げてくるトゲトゲのボールは，そのまま受け取るとけがをします。「柔らかいボールにして」と言っても「そんなボールないし！」とさらにトゲをつけ足してきます。子ども自身でできないなら，自分で柔らかくして受け取ればいいのです。すると子どもにも柔らかいボールを返せるようになります。

成功のポイント 子どもの言動に疲れたら？

心の自動翻訳機を装備する

　トゲトゲの言葉で包まれた，伝えたい気持ちにだけ耳を澄ませましょう。「死ね」と言われたら「そんなに悔しいんだね」，「殺す」と言われたら「何が嫌だったの？」など，気持ちに対する返事をしていきましょう。即効性はありませんが，その子も少しずつ翻訳した言葉を使うようになります。

ビーイング（プロジェクトアドベンチャーの振り返りの手法）

　何気なく使っている「死ね」などの言葉が，相手にどのように伝わるかを伝えるアクティビティです。〈やり方〉線の内側にうれしい言葉，外側にクラスから追い出したい言葉を書き入れます。「死ね」と誰かが言ったら「それ，外側の言葉だよ」とみんなで声をかけ合うようになります。「言うな！」と

言われると反抗しますが，「言っちゃダメなんだよ」という雰囲気には子どもたちは素直に従いやすいです。

離れる

　ただ，先ほども述べましたが，その子が7年，8年と学習を積み重ねてきた言語を，一朝一夕に変えるのは難しいです。指導の過程で，心の自動翻訳機が時々故障することもあるでしょう。なかなか改善が見られないときは，自分を責めることもあると思います。そんなときは「ごめんね，先生，今日はうまく返せないな。大人も言われたら心が痛いんだよ」と素直に伝えてみましょう。そして，そっとその場から離れてください。きっと，「先生，大丈夫？」と声をかけてくれる子がいます。たまには，子どもに甘えて優しくしてもらっても，罰は当たりません。

これで突破！

・気持ちに耳を傾け，言葉が相手にどう伝わるかを知る機会をつくる

・「もうしんどい」と思ったら，その場から離れて心の休憩を

6〜7月

5 不安を訴える子がいたら？

自分を振り返り，相談の場をもつ

> **まずは自分と子どもの信頼関係を確認し，
> いつでもどんな相談にものれるシステムをつくる**

困った場面

Q 春先は元気だった子が，この頃少し不安げにしています。連絡帳に「朝，腹痛を訴えました」という連絡が書いてあることも増えています。このままでは登校をしぶるようになるのではと心配です。子どもの不安を解消するにはどうしたらいいでしょうか？

A 梅雨時になると，少し子どもたちの活気がなくなってくるのを感じるときがあります。雨で外遊びができないとか，登下校で濡れてしまうとか，そんな些細なことでも，子どもたちの気持ちはトーンダウンしてしまうことがあります。元気だったときの様子を知っているだけに，笑顔が減ったり，休み時間につまらなそうにしていたりするのを見ると，心配ですね。

　そんなときは，担任の自分を少し振り返ってみましょう。新学期も3か月ほど経つと，担任の気持ちも少しゆるんできているのかもしれません。

・いつも笑顔でいるか。
・朝のあいさつは丸つけをしながらではなく，子どもに目を向けているか。
・子どもの誘いや質問に「ちょっと待ってね」で答えることが増えていないか。
・子どもたちから「先生，忙しいもんね」と遠慮されていないか。
・「1年生として」「2年生としてお手本に」という言葉で縛っていないか。

　子どもたちは敏感です。先生に余裕がないことを悟ると，つながりが綻んできているように受け止めます。そして，教室は不安な場所になってしまいます。

成功のポイント 　**不安を訴える子がいたら？**

自分のことを振り返る

- ☐ 子どもたちに「ありがとう」をいくつ言えたか。
- ☐ 子どもたちと一緒に遊んでいるか。
- ☐ 子どもたちの誘いに理由をつけて断っていないか。
- ☐ この頃，ほめていない子がいないか。
- ☐ 一緒に掃除をしたり，給食を食べたりしているか。
- ☐ 放課後，名前を思い出せない子どもはいないか。
- ☐ やたら叱っている子どもはいないか。
- ☐ 周りの子どもたちが怖がるような叱り方をしていないか。
- ☐ 叱り方にムラがないか。
- ☐ どんなときも笑顔でいるか。

　このチェック項目は例ですが，4月には心がけていたことが6・7月になると忘れている，ということもあります。もう一度，4月のような新しい気持ちで向き合ってみましょう。

いつでも相談できるシステムをつくる

　担任に直接話せる子より，なかなか話せない子の方が不安になりやすいです。その子は書くことなら先生に話せるかもしれません。B6の大きさの紙を用意して「先生へのお手紙ですよ。何を書いて

もいいです。お返事を出します」と説明します。悩み事がなくても，「いつでもつながれる」ということが安心を生みます。

これで突破！

- ・担任自身が4月の自分と今の自分を比べてみる
- ・いつでも相談できるシステムを用意する

1 友だちに謝らない子には？

謝罪ではなく未来の約束

**「謝る・謝らない」だけを見ると肝心の未来が変わらない。
未来を変える約束をしよう**

困った場面

Q けんかをして手が出たときにも謝れない子がいます。相手の保護者からは「ちゃんと謝らせてほしい」と言われますが，「ごめんね」と言わせることが大切なのでしょうか？

A 「ごめんね」「いいよ」をけんかの仲直りとみなすことは，学校でよく見かけます。幼稚園や保育所でも，そのようにしつけられてきている子も多く，担任が駆けつけると台本があるかのように「ごめんね」「いいよ」を言う子もいます。しかし，その後の子どもたちの様子を見ていると，またけんかをしていたり，逆の立場になっていたりということはありませんか？「ごめんね」「いいよ」で子どもたちが学んでいるのは，「これを言っておけば早くお説教から解放される」ということではないでしょうか。

でも，中には謝れない子もいます。そして，その子の中には，「謝らない理由」があります。大人からすると「たった4文字，我慢して言えばいいのに」と思うかもしれませんが，「ごめんねと言えば早く解放される」とわかっていても謝らないということは，その子にとっては，譲れない理由なのです。

ですから，まずはその子に「謝りなさい」と詰め寄るのではなく，「謝れないってことは，それくらい大変なことがあったんだよね。何があったの。教えてくれる？」と，その子の譲れない理由を，少しずつほどいていけるようなかかわりをしましょう。

成功のポイント　友だちに謝らない子には？

　譲れない理由を聞き出した後にすることは，「同じトラブルにならないためにどうするか」を話し合わせることです。

A君がB君を叩いた事例

教　師：なるほどね，A君がB君を叩いたのは，B君が変なニックネームをつけてきたからなんだね。B君，それは覚えてる？

B　君：うん。

A　君：前にも同じことあった。

教　師：そうか。今日が最初じゃないんだね。じゃあ，このままだと，また同じことがあるかもしれないね。そうならないように，お互いに「こうしてほしい」ってことを約束してみない？

A　君：もう変な名前で呼んでこないでほしい。

教　師：なるほどね，名前は大事だもんね。B君，できそう？

B　君：うん。

教　師：B君はA君に約束してほしいことはある？

B　君：叩いたりする前に，口で「やめて」って言ってほしい。

教　師：そうだね，痛いのは嫌だよね。A君，約束できる？

A　君：わかった。「やめて」って言う。

教　師：2人の約束を紙に書いたよ。約束するのは，これでいいかな？

A・B君：うん，これでいい。

教　師：じゃあ，名札のケースに入れておこう。同じようなことが起きそうなときは，これを思い出すんだよ。

　最後に握手や指切りなどのスキンシップをすると，笑顔になります。

これで突破！

- 「謝れない，譲れない理由」を丁寧に聞き出す
- 当事者2人で，これからどうするかを話し合う

2 けんかを助長するような行動には？

第三者の視点から振り返る

> 人を悲しくさせる正義感は，友だちのつながりを断つことを伝え，
> 全員で共通理解する

困った場面

Q 「先生，○○さんが□□さんに〜しました」と事実と違うことを言って「そんなことしてない！」とけんかになったり，「○○さん，□□さんが〜って言ってたよ」と友だちが嫌がる情報をわざわざ知らせに行ったりする子がいます。そのために，言われた子がショックを受けたり，友だち同士がけんかになったりしているのに，本人は友だちのために，正しいことをしていると思っているようで，なかなか指導が入りません。どうしたら理解させられるでしょうか？

A 「人の悪口を言ってはいけない」というのは，低学年の子どもたちも理解しているモラルだと思います。ただ，そのモラルを暴走させると，Qにあるような「モラルのためなら人を悲しませてもいい」という，伝えられた相手の気持ちを無視した行動になってしまいます。特に低学年では，善悪の判断や相手意識がまだ曖昧な時期なので，悪気なくやっていることがほとんどです。

「悪気がない」からこそ「そんなことしないよ」と指導しても「なんで？悪いのは悪口を言ってる子でしょ？　私はかわいそうだから教えてあげたんだよ」とピンときません。個別に指導してもなかなか理解できないことは，全体で指導して，子どもたちの言葉で語らせてみてはどうでしょうか。

その際には，少しユーモアも織り交ぜて始めると，低学年の子どもたちも楽しみながら本質に迫れます。

成功のポイント 🔎 **けんかを助長するような行動には？**

　「むかしむかーし，あるところに，正義の味方マンがいました」と昔話風にスタートします。低学年の子どもたちは読み聞かせを好む子が多いので，興味をもって聞いてくれます。物語を，話しながら黒板にも図示していきます。

　「ある日，Ａ国の王子とＢ国の王子が会いました。Ａ国の王子がトイレに行ったとき，Ｂ国の王子は正義の味方マンに『Ａ国はＢ国より小さいが美しい国だ』と言いました。その後，Ｂ国の王子がトイレに行ったとき，正義の味方マンはＡ国の王子に言いました。『Ａ国はＢ国より小さいと言っていましたよ』と。それを聞いて，Ａ国の王子は怒り，その後，Ａ国はＢ国と戦争になってしまいました」

　話し終えて「さて，Ａ国とＢ国が戦争になったのは，どうしてでしょう？」と問うと，「正義の味方マンが悪い！」と言います。「えっ，でもＢ国の王子が『Ａ国の方がＢ国より小さい』と言ったのは本当でしょう？」……などと担任は正義の味方マン側になり，子どもたちと議論していきます。すると，最終的には，「なんでも伝えればいいということではない」「国を戦争にする人は正義の味方じゃない」というような結論になります。

　最後に「自分は，正義の味方マンになっていませんか？」と振り返りをさせると，多くの子が「正義の味方マンと同じことをしたことがある」という振り返りを書くかもしれません。メタ認知が難しい低学年は，第三者として状況を見せてあげることで，自分の行動を振り返ることができます。

✋**これで突破！**
・第三者の視点から自分がしている行動の結末を理解させ，振り返らせる

いじめが起きたら？

自分ができることを選ばせて再発防止

**いじめが起きるのは，全員の問題であることを伝え，
自分ができることを選択させよう！**

困った場面

Q 複数の子でトイレの個室に一人の子を閉じ込めるという事件が起きました。それを，閉じ込められた子のお母さんからの放課後の電話で知りました。次の日，事実を確認すると，それをたくさんの子が見たり聞いたりしていたのに，止めた子がいなかったことがわかりました。それを遊びだと思って参加した子もいたそうです。こんなことが再び起きないために，いじめた子たちをどのように指導すればいいでしょうか？

A いじめは，いじめられた子の心を大きく傷つけます。そして，そのままにしておくと，「また怖いことをされるんじゃないか？」と不安を募らせていきます。その子の心のケアをまず第一に考えていきましょう。同時に再発防止の手立てを講じたいですね。

さて，この場面で問題だと思われることを挙げていきましょう。

①一人の子を数人で閉じ込めている。

②面白そうだと参加した子もいる。

③たくさんの子が見ていたが，止めた子がいなかった。

④たくさんの子が見ていたが，担任に伝えに来なかった。

⑤トイレから帰ってきた子たちの異変に気付けなかった。

この状況を見てみると，いじめた子たちを指導するだけでは，再発の可能性は高いです。クラス全体でこの問題に向き合っていきましょう。

成功のポイント　　**いじめが起きたら？**

　いじめた側の子たちの指導だけでは不十分なのは，いじめの構造にあります。ご存知のように，いじめは「いじめた側」「いじめられた側」「観衆」「傍観者」の4層構造です。そこに「仲裁者」や「通報者」がいると，いじめは起きにくくなります。

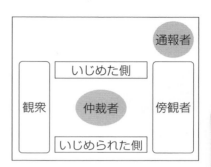

①話し合うことを説明する。

　　「みなさん，今回のことは，先生はいじめだと思います。すぐに気付いてあげられなくて，本当にごめんなさい。二度とこんなことが起きてはいけないので，今から，大事なことを決めます」

②いじめの構造を図示して説明する。

　　「いじめには，4つの役割があります。いじめられる人，いじめる人，『やれやれ！』と楽しむ人，何もしないで見ているだけの人です。でも，それ以外にもいじめを止めるヒーローと，『大変だ！』と教えてくれる人がいます。今回のことで自分はどの役割でしたか？　心の中で選んでください」

　　※このとき，黒板にネームプレートを貼ったり，手を挙げさせたりしない。

③自分がやろうと思う役割，できると思う役割を考えさせる。

　　「次に同じことがもし起きたら，自分はどの役割になりますか？」

　　※このときは黒板に明示させる。できれば「仲裁者役」「通報者役」でロールプレイをしてみるとよい。その際はいじめられる役は担任がすること。

④自分でどうすべきかを選べたことを喜び，そして，感謝する。

　　「真剣に選んでくれましたね。ありがとう。きっと，もうこのクラスでこんな悲しいことは起きません。先生は今日のみんなを信じています」

これで突破！

・いじめの構造を教え，自分にできることを自己決定させ，再発を防ぐ

4 席替えがしっくりこないときは？

自分で決める「くせ」をつくる

これまで担任が決めてきた席替えに，
子どもたちの考えを取り入れて「自律」を鍛える

困った場面

Q いつも席替えは担任の私が決めて，月1回行います。でも，この頃，どんなに考えても，いざ席替えしてみるとしっくりきません。ある班はうまくいったけど，別の班ではトラブルになりやすかったり，おしゃべりが目立ったり。どのような席替えをしたらいいでしょうか？

A まず，席替えは何のためにするのかを考えてみましょう。「子どもたちにせがまれたから」「主任のクラスが席替えしたから」「やるものだ，と思っているから」……というような，目的ではなく「なんとなく」の席替えであれば，もったいないと思います。また，「おしゃべりしている子たちを離したい」というような「罰を与える」ような席替えは，子どもたちをただ管理するという視点で行うため，席の配置で「先生は自分をどう見ているのか」「先生は，あの子をどう見ているのか」が透けて見えます。低学年の子どもといえども，とても敏感に感じ取ります。

　学校で行われることは，すべて教育活動です。つまり，席替えも「子どもたちを成長させる」という視点で行いましょう。席替えでつけたいのは，

自分で考えて行動する力＝自律

と，私は考えます。「自律なんて，低学年には無理」と一蹴されるかもしれませんが，「考えるくせ」をつけるには低学年はぴったりです。

成功のポイント 　席替えがしっくりこないときは？

①男女混合・背の順を基本に，3つ程度にグループ分けする（Ⓐ〜Ⓒは例）。

　Ⓐ 背の低い子，視力が弱い子，席が前である配慮が必要な子

　Ⓑ 背が高い子，席が後ろである配慮が必要な子

　Ⓒ Ⓐ，Ⓑ以外の子（背が中くらい，特に座席の配慮が必要ではない子）

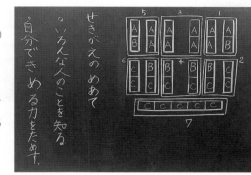

②Ⓐ〜Ⓒの子たちで，それぞれジャンケンをして，勝った子から黒板に描いた座席表の好きな席にネームプレートを貼っていく（ただし，Ⓐ〜Ⓒの区画はある）。

③班の中では合意があれば席替えは自由にしてよいことを説明する。

④2週間ほど経ったら，「今の席は，自分たちが学習しやすい席になっているのか」を振り返る。「今の席ではよくない」という意見が過半数を超えるようであれば，では，どんな席だと学習しやすいのかを話し合う。

⑤話し合った観点をふまえて，もう一度席替えをする。手順は①〜③と同じ。

⑥再度振り返る。

　この方法で大事なことは，子どもたちに「自由には責任が伴う」ということを最初に伝えることです。この場合の責任は「学習しやすい席にする」ということです。低学年でも，自分で考え，振り返ることを鍛えていくことが，それ以降の子どもたちの自律につながっていきます。

　これで突破！
- 管理する目的だけで席替えを行わない
- 自分で考えて，行動して，振り返るという「くせ」をつけるきっかけにする

5 友だち関係に悩む子がいたら？

子どものことは子どもに聞く

**悩みに共感する相手は多い方がいい。
担任が一手に担わず，全員で包み込もう**

困った場面

Q 「4月には仲良くしていたAさんが，この頃は別の子と遊ぶ方が楽しそうで，そっけない。もう仲良くできないのかな」と悩んでいる子がいます。「Aさん，前みたいに仲良くしてあげて」と介入するわけにもいかず……。どのように解決してあげたらいいでしょうか？

A 4月から数か月。少しずつ子どもたちの関係も変化していきます。いつも一緒に遊んでいた子が，席替えをきっかけに別々に遊ぶようになったり，好きなキャラクターで意気投合したり，子どもたちは日々新しい関係性をつくっていきます。その日々生まれる関係づくりには，寂しさを感じる子がいるのも事実です。

「別の子と遊ぶ方が楽しそう」という悩みに対しては，なかなか担任として介入できません。「そんなことないかもよ」「勇気をもって話しかけてみたら」と言うのは簡単ですが，そんな簡単に解決できるものではないのです。子どもにとって友だち関係というのは日常生活で感じる幸福感に大きく関係しています。ですから，担任が介入しにくい子どもの悩みには，

「子どもの悩みは子どもに聞く！」

という方法もあります。

子どものお悩み相談は，解決を求めるだけでなく，「聞いてもらいたい」という願いでもあります。担任だけでなく，クラス全体で共有しましょう。

成功のポイント　友だち関係に悩む子がいたら？

①匿名でみんなに聞いてもらうことを，悩んでいる子に承諾を得る ……………

　まず，悩み事を打ち明けてくれた子どもに，みんなに相談にのってもらおうかと打診します。匿名で話すことを約束します。

　「先生も，子どものときにそういうことがあったよ。きっとクラスのみんなも，同じようなことがあるかもしれない。先生一人より，みんなに聞いてもらうと，何かアドバイスをもらえるかもしれないよ。もちろん，あなたの名前は出さないからね」

②全体でエピソードを共有する ………………………………………

　「みんな，仲良くしてる友だちのことを想像してみて。いつもなら一緒に遊ぶのに，『今日は〇〇さんと遊ぶから』って日，ない？　先生も小学生のとき，同じことがあってね……（自分の経験を話す）」（きっと「ある，あるー！」と声があがると思います）

　「『あるある！』って声が聞こえたなぁ。どんなことがあったか，話せる人いますか？」（数人のエピソードを聞く。幼稚園のことなども含めて話を聞く）

③アイディアを募る ………………………………………………

　「『〇〇さんと遊ぶから』って日が続くと，『もう一緒に遊べないのかな』って不安になると思うんだよね。みんなはそんなとき，どうする？」

④感謝する …………………………………………………………

　「なるほどねぇ，いろんなアイディアが出たなぁ。小学生の頃の先生にも聞かせてあげたいくらい。実は，これはこのクラスの子から相談されたことだったんだよね。みんなのアイディアを聞いて，その人もとてもうれしいと思うよ。ありがとう，相談にのってくれて」

これで突破！
- 子どもの悩みは，子どもに聞き，みんなで話し合って共有する
- ただし，共有する場合は子どもの承諾を得てから，匿名で

1 個別懇談会で何を伝える？

懇談会をチャンスタイムにする

**懇談会には，様々なチャンスが隠れている！
まずは「大好き」を伝えることが第一歩！**

困った場面

Q 個別懇談会があります。「1学期のことを伝えればいい」と言われますが，一人10分の持ち時間で何をどう伝えればいいでしょうか？

A 来られる保護者の方は，仕事をやりくりしたり，同僚や上司に断って休みをとったり，家事の段取りを考えたりと，10分間の懇談会のために，様々な準備をされています。その懇談会で，保護者に伝えることはただひとつ。「あなたのお子さんが大好きです」の一言につきます。成績や日常生活のことなど，伝えたいことは様々あるでしょう。

でも，「この先生の話を聞きたい」と思ってもらわなければ，何も受け止めてはもらえません。まずは「あなたのお子さんを，大切にしています」ということを伝えましょう。

また，人は「受け止めてもらえた」と思ったときに信頼を寄せます。以下のように一方的に担任の見方を押し付ける内容にならないようにしましょう。

　× ただテストの結果だけを説明する

　× なんの資料もなく，主観的な児童観を保護者に一方的に話す

　× 学校での問題行動を家庭に責任転嫁して，保護者を責める

　× 世間話だけで終わる

成功のポイント 個別懇談会で何を伝える？

「実物」に語らせる

「○○さん，掃除がんばっています」と話すより，「このぞうきん掛けすごくないですか？」と写真を1枚見せるだけで，保護者の表情はパッと明るくなります。「字をきれいに書けるようになりました」と言うより，ワークシートを見せた方が「本当だ！　別人のようです」と驚かれます。実物だからこそ伝わることがあります。実物を見せて，そこから保護者が話すことを受け止める10分は，担任が話し続ける10分より，とてもあたたかい時間になります。クラスの子どもたちを肯定的に受け止めていることを伝えるチャンスです。

他のクラスの保護者にも笑顔で接する

自分のクラスの保護者に接するように，来校している他のクラスの保護者にも笑顔で対応しましょう。全校の保護者全員が「保護者」です。廊下で出会った保護者は，来年度あなたのクラスの保護者になるかもしれません。フライング関係づくりのチャンスです。

懇談会の翌日も伝えることがある

懇談会の翌日，子どもたちに来校した保護者とどんな話をしたのか伝えましょう。「○○さんは，家でこんなお手伝いをしているんだね。お母さん，喜んでいたよ。先生も感心した」のように個別にでもいいですし，「昨日，懇談会があって，7人のおうちの人とお話して，みんなのこと大好きだって伝わってきたよ。だから，先生も負けないくらい『大好きです』ってお話したよ」と全体に話しても構いません。懇談会で聞いたプラスのことは，子どもからまた家庭へと運ばれて，保護者に担任の思いが伝わるチャンスです。

これで突破！

- 画像や動画，ワークシートなどの「実物」に語らせよう
- 全校の保護者全員が「保護者」と考えて接する
- 懇談会での話題を，子どもたちともシェアする

2 夏休みの宿題はどんなものを？

指導をしてから家庭に

家庭に丸投げの宿題，ただ量を出すだけの宿題はもうやめよう！

困った場面

Q 夏休みが近づいてきました。宿題は例年，たくさんの量を出しています。でも，それが子どもたちの夏休みを奪っていたり，家庭に負担をかけていたりしているのではないでしょうか。

A 夏休みのドリル，学習プリント，応募作品数点，自主学習，体力づくり，読書感想文，自由作品，漢字練習……夏休みにはこれでもかという量の宿題が出されるのが，普通のようです。夏休みは約40日あります。その日数だけを見て，「とにかくたくさん」と出されている宿題が多いのではないでしょうか。しかし，近頃，その意味を問う声も多く聞かれるようになりました。宿題の代行業や，読書感想文の書き方を教えるセミナー，夏休みの宿題の消化をねらったイベントも増えています。それを見るにつけ，ここで問い直したいのは，「夏休みにつけたい力は何か？　そして，どうやってつけるのか？」ということです。

　子どもたちに夏休み中につけたい力は，以下の2点ではないでしょうか。

　・苦手な学習を軽減すること

　・1学期に間違えていた問題を克服すること

　夏休みの宿題が量だけを「水増し」して，子どもたちの時間と2学期へのやる気を奪う，意味の薄いものになってはいけません。丁寧な事前指導で，「なるほど」と子どもが前向きに取り組めるようにしたいものです。

成功のポイント　　夏休みの宿題はどんなものを？

①目的を説明する ･･･････････････････････････････････････

　夏休みの宿題は，苦手なことにもう一度チャレンジするチャンスなのだということを説明します。宿題の種類ごとに，どんな意味があるのかを教えてあげましょう。「目的が説明できない＝水増しの宿題」です。

②方法を説明する ･･･････････････････････････････････････

　方法がわからない宿題は，やる気を奪います。宿題の種類と，どのように取り組むかを説明しましょう。例えば「ひらがなの練習５ページ」「漢字練習10ページ以上」など漠然とした出し方をしては，宿題は「ただの作業」です。

③やってみる ･･･

　１年生にとって初めての夏休みの宿題です。２年生も経験者とはいえ，まだ不確かなところがあるでしょう。「15分でどこまでできるか試してみよう」と話し，時間を区切って取り組ませてみましょう。

④目標を決める ･･･････････････････････････････････････

　目的や方法がわかれば，自分でもやってみようという気持ちがわいてきます。夏休み明けにどんなことができるようになっていたいのかを話し合わせてみましょう。そうすることで，友だちと目標を共有し合うことができます。

⑤指導していないことは希望制にする ･･････････････

　夏休みが近づくと，様々な団体から作品募集の案内が届きます。学校によっては一覧にして「この中から３点以上」「２点提出。１つは作文」などと指定しているところもあるようです。しかし，その作品に対する指導を学校でしない場合，全員に提出を求めず，希望制にしてはいかがでしょうか。

これで突破！
- 意味の薄い「水増し」の宿題はもうやめよう
- 夏休みの宿題の目的，やり方を示し，自分で目標をたてさせる

3　通知表をどう渡す？

ABC の数ではない意味を伝えよう

> 通知表の意味をポジティブに教え，
> 夏休み中の学習にもつなげるきっかけにしよう！

困った場面

Q 終業式が近づき，通知表に子どもたちはドキドキしているようです。A がつく子もいれば，C がある子もいます。「A があったら〇〇買ってもらえる」「C があったらゲーム取り上げられる」など，通知表がご褒美や罰の材料になっているような気がします。通知表の意味を正しく伝えるにはどうしたらいいでしょうか？

A 低学年の子どもたちにとって，通知表をもらうのはドキドキです。きっと家庭でも通知表について話しているのでしょう。低学年は，学校教育の始まりを担っています。子どもたちには，通知表が賞罰の材料ではないことを話しておきたいところです。そうすることで，通知表は「見て，数えて，終わり」ではなく「では，どうするか」を考える材料になります。

　まず，通知表を渡すときには，「通知表とは何か」を話しましょう。次に，いつから，どんなことを準備しているのかを伝えることで，決して「ひいき」や「思いつき」でつけているのではないことを説明できます。さらに，同じ学年の先生たちで同じ評価をしていることを伝えます。「あの先生は甘いけど，この先生は厳しい」ということはないのだと説明できます。そして最後に，「A，B，C の意味」と「通知表をどう使うか」ということを話します。

　通知表は，1 学期の学習の成果を，多くの時間を費やしてまとめたものです。担任にとっても，子どもたちにとっても，そして家庭で受け取る保護者にとっても，次につながる材料にできるように渡しましょう。

成功のポイント 　通知表をどう渡す？

Ｂは二番手の残念な評価ではない！

　通知表にＢが並んでいると，「なんだぁ」とがっかりする子どももいます。Ａ，Ｂ，Ｃと評価があると，確かにＢは二番手のように感じます。ですが，「Ｂの意味は『できた』だよ」と教えると，Ｂが並ぶことの多い低学年の子たちは「できたがいっぱいある！」と喜びます。このことは，個別懇談会でも伝え，「Ａだけに価値がある」という保護者の意識を変えましょう。

ＣはＣhallengeのＣ！こうすれば大丈夫！

　Ｃをつけるということは，担任の指導も足りなかったということを子どもたちにも伝えます。Ｃは，ＣhallengeのＣです。つけっぱなしにせず，夏休み中にどういう学習をすればよいのかを，具体的に提案しましょう。もちろん，保護者にも同様に。

ＡはＡceのＡ！友だちのためにも，さらに力をつけよう！

　Ａがついている子には，その数だけに喜ぶのではなく，そこからさらに一歩進んでほしいところです。ＡはＡceのＡです。エースはチームに勝利をもたらす役割。つまり，2学期は友だちのためにもその力を使えるように，さらに夏休み中に力を伸ばしてほしいことを伝えます。

「ここを伸ばそう」カード

　算数と国語に関して，夏休み中に取り組むといい学習とその方法を書いたカードを通知表と一緒に渡すと，夏休み中の学習のヒントになります。

	さん数		こくご
夏休みの自学や生かつの中で＿＿＿＿＿さんにがんばってほしいこと ○がついているべんきょうをがんばると，2学きをじしんをもってスタートできますよ。			
	ひょうとグラフ		1日のできごとをじゅんばんに話したり，おうちの人の話を正しく聞いたりする。
	たしざんのひっさん		つたえたいことをきめて，はじめ・中・おわりのじゅんばんで文を書く。
	ひきざんのひっさん		本を読んで，どんなお話だったのか，おうちの人にせつめいしたり，読書かんそう文を書いたりする。
	長さのたんい		ならったかん字を正しく書けるようにれんしゅうする。
	3けたの数		知らないことばについて，じしょでしらべる。
	水のかさのたんい		
	時こくと時間		

これで突破！

- 通知表の意味を説明する
- 夏休み中の学習へのピンポイントアドバイスを添える

4 1学期をどう締めくくる？

「大好き」と最大の宿題を伝える

**出会いから70日余り。
1学期を一緒に過ごした子どもたちへの思いを届けよう！**

困った場面

Q もうすぐ1学期が終わります。終業式がある日は，大量の配り物や通知表渡しなどでバタバタし，気が付けば下校時間で，流れ作業のように下校させてしまいがちです。1学期の最終日は，どのように締めくくったらいいでしょうか？

A 4月から3か月が過ぎ，低学年の子どもたちとの日々も一区切りですね。終業式は，流れるように時間が過ぎていきます。しかし，終業式の日を落ち着いて迎えることができれば，子どもたちともゆったり向かい合い，夏休みの話などもたくさん聞いてあげられるでしょう。

そのためにまず必要なのは，「余裕をもって終業式を迎える準備」です。

終業式の日に持ち帰るものはランドセル一つ ‥‥‥‥‥‥‥‥‥‥‥‥‥‥‥

具体的には連絡帳，筆記用具，当日配られたプリント，内履き。他の物は「〇日に△△を持ち帰る」など，黒板に明記して持ち帰るのを忘れないようにします。帰る準備等に手間取らず，時間を有効に使えます。

通知表を渡すときは，なるべくシンプルにして時間短縮 ‥‥‥‥‥‥‥‥‥‥‥

たくさん話しても，子どもたちは中身が気になって聞いていないものです。「1学期，〇〇をしてくれましたね。ありがとう。よい夏休みを」と。ただし，通知表そのものについての説明は事前に全体で丁寧に行いましょう。

成功のポイント　**終業式をどう締めくくる？**

　落ち着いて過ごせる時間を確保したら，子どもたちに伝えたいのは，夏休み中の最大の宿題についてです。

教　師：明日から，いよいよ夏休みですね。

子ども：やったぁ!!

教　師：しばらく会えなくなるみんなに，伝えておきたいことがあります。それは……。

子ども：？？？

教　師：先生はみんなが思っている以上に，みんなのことが大好きだということです。もう，本当に，だぁいすきなんですよ。

子ども：(笑)

教　師：だからね，約束してほしいんです。大きなけがをしたり，病気になったり，事故にあったりしないでね。昨日説明したように，いろいろ宿題はあるけど，一番の宿題は，「けが，病気，事故なし」です。(板書)みんなも言ってみて。せぇの！

子ども：けが，病気，事故なし！

教　師：そうです。もう一度言いますよ。先生は，みんなが，だぁいすきなんです！　もっと楽しい授業ができるように，みんなが笑顔になれるように，夏休みの間，先生も勉強します。けが，病気，事故なく，また2学期に，笑顔で会いましょう。

子ども：はい！

これで突破！

- 荷物は前日までに持ち帰り，通知表渡しはシンプルにして，時間短縮
- 「夏休み中も大好き」と，最大の宿題「けが，病気，事故なし」を伝える

6〜7月

5 暑中見舞い, 出す？ 出さない？

暑中見舞いを2学期の招待状に

**暑中見舞いは，あくまで個人的なもの。
出すなら2学期への期待を膨らませるものを**

困った場面

Q 職員室で，クラスの子たちに「暑中見舞いを出すかどうか」という話題になりました。はがきも自腹ですし，印刷も家のプリンターを使います。経費を考えると，そこまでする必要がないと思うのですが……。出した方がいいのでしょうか？

A 「働き方改革」のもと，暑中見舞いや年賀状などを出すことを，全校で取りやめる学校もあるようです。クラスや学年の裁量に任されている学校では出すのか，出さないのかを相談して決めているようですが，経費は自腹のことが多いので，「そこまでして出さないといけないのか」と思うかもしれませんね。

学校から経費が出るわけではなく，あくまで私信なので，「出さなくてはいけない」というものではありません。ただ，始業式までの間に「あなたのことを思っていますよ」という小さな風を家庭に届けたい先生もいます。出すとしたら，できるだけ子どもたちをワクワクさせ，億劫な2学期始業式に，ほんの少しでも楽しみを見つけられるような仕掛けができるといいですね。

また，暑中見舞いにクラスの集合写真を載せることができたら，そこからクラスの様子が伝わったり，我が子がどんな表情で写っているかを見ることができたりします。保護者にとっても学校での様子を知る，貴重な1枚になります。

成功のポイント　　**暑中見舞い，出す？　出さない？**

　気を付けたいのは，宛名を間違えないことです。基本的なことですが，子どもも保護者も名前を間違えられるとショックです。そして，写真を入れる場合は，全員写っているか，必ず確認しましょう。

　例では，始業式にくじびきをするというイベントを予告しています。他にも，「２がっきもみんなでたのしくすごしましょう！」などの文を１文字ずつ書いて，それを始業式にみんなで並べ替える取り組みもできますね。

しょ中お見まいもうし上げます！

まい日、あついですが、元気にしていますか？
けがなく、びょう気なく、とう校日や２学きに会えるのを
たのしみにしています！

ラッキーナンバーは

しぎょうしきの日
このナンバーで
くじきするよ♪

> クラスの集合写真を入れる。全員の顔が見えるか，しっかり確認！
> 　子どもたちの表情が明るく，顔がはっきり写っている写真を選ぶ。

> 全員に同じ文章でもよい。余裕があれば，手書きのメッセージを。

> くじびき等の仕掛け。ナンバーを入れる吹き出しは，手書きか，数字のハンコで。始業式のくじびきで使う番号であることも書き添える。

これで突破！
- 暑中見舞いを出す，出さないは自由
- 出すとしたら，２学期の始業式にちょっとしたワクワクを

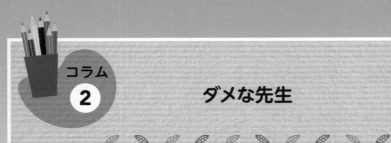

ダメな先生

　採用４年目，異動したのは，聾学校でした。「希望が叶って，やっと自分の専門性を生かせる学校に赴任できた。学んだことを，いよいよ実践できる！」と息巻いて赴任しました。しかし，待っていたのは「現実」でした。新しいことを始めようとする度にストップがかかり，「あなたがしていることには意味はない」「机上の空論を振りかざすな」と酷評されました。

　大学の先輩や同期たちと食事をしているときに，「勉強していないダメな先生たちに，自分の実践の何がわかるのか」とひたすら愚痴を言い続けました。そのとき，静かに聞いていた先輩は，最後にこう言いました。

　「それじゃ，その『ダメな先生』より，恵は結果出してるのか？」

　そう問われ，私は自信をもって「結果出してます！」と言えませんでした。代わりに悔しくて涙が出てきました。「来週から，実践をビデオに撮ってみんなで検討しよう」と，次の週から大学で勉強会を始めました。院生や同期たちも一緒に，「ここはこうしたらいいね」とアドバイスし合いました。そして，それをもとに職場でも建設的な話し合いをするように努めました。

　それ以前，「あの先生はこんなことも知らないのか」「あの先生は遅くまで仕事をしているのに，全く意味がない」など，そう思っていたのは，自分の実践に自信がもてず，他者を低めることでしか満足できない自分をごまかすためだったのでしょう。今ならわかりますが，あの時の自分は，自分を振り返る余裕はなかったのかもしれません。

　学んだことを子どもたちに還元するのではなく，他者への攻撃に使ってはいけません。子どもたちも，自分も，そして周りの先生たちも一緒に幸せになるのが，「結果を出した」と言える実践のはずですから。

第4章

学級の
Starting Over

9〜10月

1 始業式当日にエンジンをかけるには？ まず共感スタート

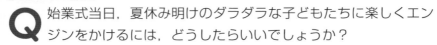

夏休み明けにエンジンがかかっていないのは当たり前。
再会を喜ぶ楽しい時間を！

困った場面

Q 始業式当日，夏休み明けのダラダラな子どもたちに楽しくエンジンをかけるには，どうしたらいいでしょうか？

A 夏休み明け，子どもたちは楽しかった思い出などを報告してくるでしょう。しかし，そこは低学年。夏休み中の生活をそのまま教室に持ち寄ることも多いです。1学期にはできていたのに……と，なんだか4月に戻ってしまったような，自分のこれまでの指導がなくなってしまったような思いになる先生も多いです。でも，大人もそうではないでしょうか。夏休み中にリフレッシュしてから，仕事を再開したとき，なんだか体がなまっているような，そんな感覚になりませんでしたか。

「みんな，楽しかったんだね。始業式なんて来ないといいなぁと思っていたでしょう？　わかるよ。小学生の頃，先生もそうだったからねぇ」
と，そんなふうに素直に共感してみてはどうでしょうか。

「でも，そんな気持ちだけど，登校したんだよね。それが先生はうれしいよ。そして，夏休み中，けがも病気も事故もなく，こうして会えたことが，まずすごい！　みんなでバンザイだ！　バンザーイ！　バンザーイ！」

始業式に登校するなんて，当たり前なのかもしれません。でも，当たり前のことにも喜ぶ，共感する，それを「当たり前」にしていきませんか。

成功のポイント 始業式当日にエンジンをかけるには？

始業式でいいところを10個見つける

　事前にほめたいポイントを10個考えておいて，あとでほめる前提で始業式を迎えます。始業式で観察し，そこにクラスの子の名前を全員分当てはめていきます。ほめるポイントをたくさん事前にもっていれば，どこかにヒットする子どもはいます。話をうなずいて聞いていた，おじぎをきれいにしていた，廊下を静かに歩いていたなど，小さなことを見つけていきましょう。そして，始業式後の教室で思い切り「みんな素敵だ！」と喜びましょう。

お楽しみ会を開く

　元気に登校できた記念に，ちょっとしたお楽しみ会を開きましょう。

人数分の文字数を使ったアナグラム

　登校する前に下足入れに一文字ずつ文字を貼っておきます。学級目標や，担任の思いを文にするといいです。みんなで文字の入れ替えを考え，完成させることであたたかく一体感をつくり出します。

クイズやトークテーマを入れたくじびき

　くじを一人一つずつ引いてもらいます。くじに，クイズやトークテーマを書いておき，それをもとに話をすることで，久しぶりに会う友だちとも楽しめます。

「〇年〇組（クラス）は，日本一（　　　　　）」を考える

　自分たちで自分のクラスのよさを発表し合うことで，「こんなに素敵なクラスなんだ！」「2学期もすごいクラスにするぞ！」と気持ちを高めます。

これで突破！
- まずは登校したことを喜び合う
- 登校してよかった！と思える楽しいことを仕組む

2 係活動は1学期と同じ？

振り返りでスクラップ＆ビルド

**1学期の係活動は助走。
その振り返りから新しい教室の文化をつくっていこう**

 **困った場面**

Q 2学期の係活動を決めようと思うのですが，1学期のままでいいのでしょうか？

A 2学期はいろいろな行事もあり，協力し合わなければできないこともあるでしょう。それを支えるのは，学級の中での「楽しいこと」と，それに向けて「がんばること」です。「お誕生日会で折り紙をプレゼントしたいから，たくさん折ろう」「なわとび大会をするから，練習しなくちゃ」など，楽しいことのために自分で何かを乗り越えていくことや，友だちと力を合わせることができれば，行事ではそれを学年や学校に拡大するだけです。係活動という小さな単位で「自分で考えて，やってみて，次にどうするか考える」「友だちと相談して決め，一緒に取り組む」という流れを，低学年からこつこつと積み上げていきたいものです。そして，係活動の盛り上がりは教室の文化となります。

2学期を1学期の惰性で動く係活動にしないために，1学期を丁寧に振り返る機会をつくりましょう。振り返る際のポイントは，以下の4点です。

①どんな活動ができたか。

②うまくいったと思う活動は何か。

③うまくいかなかったと思う活動は何か。

④他の係の活動で「いいな」と思った活動は何か。

成功のポイント 係活動は1学期と同じ？

　1学期を2学期に生かすために，4点のポイントで振り返らせてみましょう。話し合いをうけて，2学期はこうしたらいいんじゃないか，と係活動を進化させることができます。

①どんな活動ができたか ・・

　1学期にした活動を出させます。たくさん挙がる係は，失敗や成功も含めて盛んに活動していたのでしょうし，一つの活動を繰り返し行っていた係は，繰り返し行うだけの楽しさがそこにあったのでしょう。この振り返りで出てくるのは「この係の強み」です。

②うまくいったと思う活動は何か ・・・

　①で出した活動から，うまくいったことを選びます。そして，なぜうまくいったのかを考えさせましょう。「準備を早く始めた」「みんなが好きなことをアンケートした」などのアイディアが出てくると，他の係を作るときもうまくいくポイントとして生かされます。

③うまくいかなかったと思う活動は何か ・・・・・・・・・・・・・・・・・・・・・・・・・・・・・・・・・・・・・・

　①で出した活動から，うまくいかなかったことがあれば出します。そして，どうしたらうまくいったかを考えさせます。「ゲームのルールをもっと簡単にすればよかった」「担当を決めて日替わりでクイズを出せばよかった」など代案が出れば，次に生かせます。

④他の係の活動で「いいな」と思った活動は何か ・・・・・・・・・・・・・・・・・・・・・・・・・・・・・・

　自分の係だけでなく，友だちのしている活動で「それ，いいよね」という言葉を贈ることができれば，「1学期，がんばったんだなぁ。2学期も係活動楽しみだな」と次の意欲を引き出します。

これで突破！
- 2学期を支える活動の一つが係活動
- 4つの振り返りポイントが2学期の係活動を進化させる

9～10月

3 ふわふわしている状態をどうする？

うずうずをパワーに進もう

**夏休み明け，子どもたちは「ふわふわ」ではなく，
「うずうず」している**

困った場面

Q 2学期がスタートし，授業をしていても，子どもたちが「ふわふわ」しています。1学期はできていたことも忘れているようで，私の1学期の指導は何だったんだろうと気分が滅入ってしまいます。この状況を打開する方法はありますか？

A 夏休み明け，子どもたちは確かに1学期末の様子とは違って見えますね。でも，本当に違うのでしょうか？　思い出は美化されていきます。1学期にがんばった先生ほど「ここまで育てたはずだ」という思いが強くなりがちです。ですから，「7月にはできていたのに」と，子どもたちを見取るハードルが上がっていないでしょうか。まずは，「できていたはず」という色眼鏡を外してみましょう。

スタートは過去ではなく，今，目の前にいる子どもたち

そんな気持ちで，子どもたちを見ることができたら，過去と比べることなく，素直に現状を受け取ることができるはずです。「ふわふわしよう」と思って行動している子はいません。そう見えるのは，私たち大人の視点なのです。「ふわふわしている」ということは，気持ちが高揚して，何かしたくなって「うずうずしている」証拠です。その気持ちを，前に進む力に変えましょう。

成功のポイント ✍️ **ふわふわしている状態をどうする？**

イベントを企画してもらう

　教室には，夏休み中に会っていた友だち
の何倍もいます。うれしくて，ウキウキし
ている子どもの態度は時に「ふわふわして
いる」と見えるのかもしれません。そんな
パワーをもっている子には，クラスで何か
面白いことを企画してもらってはどうでし

教室入口のイベントお知らせ

ょうか。「クイズ得意だったよね？　帰りの
会でクイズ大会してみない？」などと誘ってみると「やりたい！」と張り切
るはずです。仲間を募って企画書を書いて，準備して……という流れに生か
すと，「うずうず」を楽しい企画に還元できます。

おしゃべりの時間を設ける

　久しぶりに会う友だちとかかわりたいという「うずうず」を感じたら，そ
のための時間を設けましょう。新学期の硬さがほぐれ，クラスが温まります。

　質問ゲーム　　夏休みの出来事や，2学期に楽しみなことなど，テーマを
　設定して聞き合うゲームです。音楽を鳴らしてストップをかけたときに近
　くにいた数人で輪になって質問し合うと楽しいです。

　全員とジャンケン　　クラスの名簿を渡して，勝ったら○，負けたら△を
　書いていきます。勝ったら友だちに1つ質問します。全員終わるまでやり
　ます。

　フリートーク　　ただただおしゃべりします。担任もその場に入って，の
　んびりと会話をしてみてはどうでしょうか。会話のネタに困ったときのた
　めに，トークテーマの例を黒板にいくつか書いておくといいです。

✋**これで突破！**
- 1学期と比べて子どもたちを見ない
- うずうずしている子どもたちのパワーを上手に使う

9～10月

4 2学期のめあてをどう決める？

いい自分から，次のいい自分へ

「〜ができないからできるようになりたい」
というダメ出しスタートではないめあてを

困った場面

Q 2学期のめあてを決めようと思います。ただ，いつもなんとなく決めさせて，なんとなく掲示しています。どうしたら，子どもたちの生活がよりよくなるめあてを設定できるでしょうか？

A よりよい学校生活を送るために，めあてを決め，それを振り返るというサイクルはとても大切です。低学年のうちに「自分は何ができるのか」「どうすればなりたい自分に近づけるのか」を考える癖をつけることは，小学校生活だけでなく，その後の生き方にもかかわる大事なことです。それを「ただなんとなく，学年で掲示すると決めたし」と書かせるだけで終わるのは，とてももったいないことです。

ただ，めあてを決めるとき，「これができない，あれができない」という「できないことスタート」だと，モチベーションも上がりません。ですから，まずは，1学期にできるようになったことを思い出させてみましょう。「こんなことができるようになった」「あんなことも覚えたよ」と，自分の成長をしっかり自覚させてからだと，次のめあても前向きに見つけられます。「いい自分」から「次のいい自分」をイメージさせていきましょう。それが，めあてを設定する目的になります。

成功のポイント 　2学期のめあてをどう決める？

「次のいい自分」を探す—目的—

　1学期の自分ができたことを想起してから，2学期の自分をイメージさせましょう。「できたことが思いつかない」という子には，友だちと話し合う時間を設けたり，担任から「こんなことできるようになったよね」と後押ししてあげたりしてもいいかもしれません。1学期だけでなく，夏休み中の成長を言う子がいても，もちろん OK です。それができたら，「2学期はどんなことができるといいかな？」と聞いてみましょう。

どうすれば「次のいい自分になれるか」を考える—方法—

　「次のいい自分」を考えたら，どうすればそれが叶うかを考えさせます。「がんばる」ではなく「どうするか」を考えさせましょう。具体的な行動を考えることができれば，実行に移しやすく，振り返りもしやすいです。

振り返る時間を定期的にもつ

　振り返りの時間を設けることで，めあては意味をもちます。振り返りはすぐにできる方法で，続けられる形を考えましょう。丁寧に振り返っていると，めあてを達成して「新しいめあてを決めたい」と言い出す子も出てきます。

　〈例〉

　　・毎週金曜日，帰りの会にめあての掲示に色シールを貼ります。「できた」は青色，「もう少しがんばりたい」は黄色など，達成度で色を変えるといいでしょう。

　　・毎日連絡帳に振り返ります。1年生は◎，○，△などの記号，2年生は短い文でもいいですね。

これで突破！

・めあては「いい自分」から「次のいい自分」をイメージして決める
・目的と方法を丁寧に，振り返りを定期的に行って，めあてを意味のある活動にしよう

5 1学期のルールを忘れているときは？ 丁寧に思い出そう

**ルールは誰のためのものかを確認し，
丁寧にあたたかく守っていく**

困った場面

Q 授業中，1学期に決めていたことが守られなくなりました。話の聞き方や発表の仕方など，夏休みに全部忘れたような状態です。また1から指導し直しなのでしょうか？

A 学校には，たくさんのルールがあります。「○○小スタンダード」と呼んでいる学校全体のルールもあるかもしれません。学級の中のルールは，担任の思いや教育哲学が出てくる部分です。発表の仕方，話の聞き方，ペア学習のマナー，椅子の座り方，返事の仕方，手の挙げ方……1時間の授業の中にも，1学期に指導したことはたくさんあるでしょう。たくさんあるだけに，低学年のうちはそれが少し欠けることは当然のことかもしれません。

　1学期にも伝えたことかもしれませんが，新学期のスタートの場面で，それをもう一度確認しましょう。まずしたいことは，なぜそのルールがあるのかを子どもたちに再度確認することです。ルールの根幹は，「たくさんの人が集まる中で，できる限りすごしやすくしていこう」というものです。しかし，それが一部の子を苦しめるものになっていないか，担任がただ子どもを管理するためのものになっていないか，ルールが教室に氾濫していないかは，定期的に確認するといいのではないでしょうか。そして，大切なのは，子どもたちの納得のうえで，そのルールを丁寧に指導し直し，そして，あたたかく続けていくことです。

成功のポイント　　**1学期のルールを忘れているときは？**

①思い出す ··

教　師：1学期に決めた，教室の中のルールってどんなのがあった？

子ども：どうぞ，ってプリントを渡す。

教　師：ありましたね。それは，なんでするんだろうね？

子ども：プリントをちゃんと後ろの人に届けるため。

子ども：「どうぞ」って言うと，もらった人がうれしいから。

教　師：そうですね。「どうぞ」があると，いいことがあるんだね。

②やってみる ··

教　師：じゃあ，今からプリントを配るから，どんな「どうぞ」が言えるか
　　　　試してみよう。（プリントを配る）

子ども：どうぞ。（後ろの席の子どもにプリントを渡す）

③フィードバックする ··

教　師：さすがですね，できたね。先生は「どうぞ」が言えるか試してみよ
　　　　うって言ったんだけど，先生の指示を超えてきた人もいましたよ。
　　　　「どうぞ」を口だけでなくて，ちゃんともらう人の目を見て言って
　　　　いる人がたくさんいたんです。なんでそうしたの？

子ども：目を見ないと，その人がプリント落としちゃうかもしれないから。

教　師：なるほどねぇ。これは，もらう人はうれしいよねぇ。もらった人も
　　　　「ありがとう」って言ってたもんね。お互いうれしいよねぇ。

④実践する ···

　そのあと，いろいろな場面で実行に移します。1学期にしていたことです
が，できて当たり前と思わず，「2学期はグレードアップしてるね」と成長
していることを見つけていきましょう。

これで突破！

・ルールを丁寧に確認し，やってみて，あたたかい雰囲気で続けていく

9〜10月

1 全員がわかる授業って？

「その日にわかる」にこだわらない

**「わかる」「わからない」をその日だけで判断しない。
フォローアップが肝心**

困った場面

Q 「全員がわかる授業をするように」と言われています。でも，個人差の大きい子どもたちに対し，どのような授業が「全員がわかる」になるのでしょうか？

A 「全員がわかる授業」というのは，学力向上が叫ばれる今，よく耳にする言葉です。そして，教員である私たちに課せられた職務でもあります。でも，それを「全員がその日にわかる授業」という意味ととらえるのは，とても厳しいのではないでしょうか。教室にいる子どもたちに合う学び方や理解の仕方にはグラデーションがあります。その中で，ねらいを全員が達成するための時間が45分というのは，私には夢のように思えます。もちろん，1時間の授業で全員が「わかった」となるのは理想です。もちろん，それを目指していくのも，大切です。しかし，そうでない授業が圧倒的多数ではないでしょうか。私は，

「全員がわかる授業」は「全員がわかるまでフォローアップする授業」

だと考えています。そして，そのためには「子どもがわからないと言える授業」をしたいと思っています。

成功のポイント🖊　全員がわかる授業って？

　子どもが「わからない」と言えないのは，いくつかパターンがあります。

「わからない」がわからない ....

　低学年の子どもたちは「自分はわかっていない」とメタ認知できる力が備わっていません。そんなときは「隣の人に〇〇を説明してごらん」とペアで話し合う時間をつくりましょう。理解できていないことは説明できません。机間巡視していて説明ができていた子に発表してもらい，「そういう意味なんだ」などすぐに理解するチャンスを設けましょう。

「わからない」が恥ずかしい ....

　間違うことを恥ずかしいと思う子もいます。週に1回でもいいので，「わからないことを聞こう」「得意なことを教えよう」という「こども塾」を開いてみてはどうでしょうか？　友だち同士，わからないことを出し合うと「自分だけがわからないわけじゃ

ない」と安心して学び直せます。ただ，「ぼくは一人でやりたい」という子には補充の問題を，「先生と一緒がいい」という子にはマンツーマン指導など，柔軟な「こども塾」を工夫してください。

「わからない」と言うタイミングがない ....

　ノートに授業の振り返りを書かせるときに，「できたこと，もう少し説明してほしいこと」の2つを必ず書かせるようにすると，安心して「ここわかりにくかったなぁ」と思うことを書くことができます。

✋これで突破！

- 「全員がわかる授業」は「全員がわかるまでフォローアップする授業」
- 「わからないを言える授業」で，フォローアップすることを見つけて，その後の指導に生かそう

2 文化的行事は何のため？

お客さんのためではない

**行事も授業の一部。見せるだけのイベントにせず，
つけたい力をはっきりさせよう**

困った場面

Q 劇の発表に向けての練習が始まりました。「それじゃお客さんに聞こえないよ！」「見に来る人のためにがんばろう」という言葉をかけている先生に違和感を感じます。行事では何を教えたらいいのでしょうか？

A 学芸会や学習発表会，音楽会など，芸術の秋というだけあって，文化や芸術に親しむ文化的行事が多い2学期。それらは，授業の一環であり，子どもたちの資質・能力の向上のために行うものであって，観客のためにあるのではありません。しかし，「お客さんのために」という声かけは子どもたちを一瞬ピリッとさせる効果があるので，使ってしまいがちですが，それを使えば使うほど，本来つけたい力とは遠ざかってしまいます。

ここでまず問いたいのは，

どの行事で，どんな力をつけたいですか？

ということです。ここは，学年チームとも，どんな力をつけるために，何を演目にするのかということを，よく話し合っておきましょう。その話し合いで出てきた「つけたい力」が視点となって，子どもたちにかける言葉は，「お客さんのために」ではなく，「前より声が遠くまで届くようになったね」「表情がいきいきしてきたよ」など，より具体的な励ましの言葉になるはずです。

成功のポイント 📝　文化的行事は何のため？

担任が「何のために」をもっていること ·············

　「この行事には，こんな意味があるんだよ」ということを，子どもたちにわかる言葉で，はっきりと伝えましょう。それがあれば，子どもたちは自分はそこに向かってどうしていくかを考えることができます。

子どもたちが「何のために」を理解し「どうするか」を考えていること ········

　今から取り組んでいく行事の目的が定まったら，それに向かって自分がどう動くかを考えさせます。音楽会であれば「歌をがんばる」ではなく「リズムを感じながら歌う」，劇であれば「台詞をがんばる」ではなく「遠くの人にも台詞も動きもわかるようにする」など，できたかできなかったかが自己評価しやすいもの，成長を感じやすいものにしましょう。掲示するなどして，振り返りの時間を設けると，自分の目標を見失いません。

子どもたちがお互いのよさを話し合う場を設けること ·············

　練習のあとに，5人くらいでグループを作ります。そして，今日の練習でできるようになったことや，がんばったことを話し合います。もしくは，隣に座っている友だちががんばっていたことを紹介し合ってもいいと思います。自分たちで同じ目的（行事）に向けてどんなことをがんばったのかを伝え合うことで，みんなで一つのものを創っているという意識が生まれます。

🖐これで突破！

- 何のためにするのか（目標）を，担任が伝える
- 子どもたちが，その目標に向かって「自分はどうするか」を考える
- 互いのよさを話し合う場を設け，「みんなで創る」を意識させる

9〜10月

3 余裕がなくてほめてあげられないときは？ そこにいるだけでいい

**「ほめる」ことができるのは，言葉だけではない。
笑顔の先生がいるだけでいい**

困った場面

Q 行事の準備が立て込んでいます。練習場所の都合で，いつもと一日の流れが違うことも多く，私も子どもたちもバタバタしています。そんな日が続いていてもほめてあげるにはどうしたらいいでしょうか？

A 行事の多い2学期。学校行事だけでなく，生活科の町探検や地域の人たちとの交流，おもちゃづくりやお店ごっこ……低学年にもたくさんの行事が集中する時期です。そのための準備や練習などで，先生もてんてこ舞いになりやすいです。いつの間にか，子どもたちと休み時間に遊ぶことも減り，給食も何か作業しながら自分の机で食べ，授業中に子どもたちにも「早く！」「ちがうでしょ！」など，つい声を荒げてしまうこともあるかもしれません。そんな様子に，先輩教師から「もっと子どもをほめてあげないと」という指摘を受けると，「わかっているんだけどなぁ」と，さらに気が滅入ってしまいますね。

　子どもたちにとっての「ほめてもらった」というのは，言葉だけなのでしょうか。私は，違うと思います。子どもたちがうれしそうにしているのは，直接声をかけたときだけでなく，

先生が一緒にいて，うれしそうにしているとき

も，あるのではないでしょうか。

成功のポイント 　余裕がなくてほめてあげられないときは？

この時間は笑顔でいよう！と決める

　一日の予定をざっと見通して「よし，この時間は絶対笑顔でスタートして笑顔で終わろう！」と決めましょう。どんなことがその前に起きても，「その時間には笑顔でいる」という覚悟をもって教室にいましょう。

楽しむ時間を確保する

　先生に余裕がないときは，子どもたちにとっても余裕がないときかもしれません。「もう，今日は楽しもう！」といろいろな予定をキャンセルして，「外でドッジボールしよう！」「今日は席替え給食だ！」など，ただただ楽しむ時間をつくってみませんか。子どもたちが笑顔だと，先生も笑顔になりますし，その先生を見て，子どもたちもさらに笑顔になります。

行事の練習を楽しむ

　確かに，移動や準備でバタバタしていることが多いですが，練習のときは子どもたちのがんばりに笑顔を見せましょう。子どもたちが一生懸命やっているときに，その様子を楽しそうに見ている時間が１分でもあれば，子どもたちはそれを覚えています。

笑顔で聞く

　子どもたちが休み時間に「先生，あのねぇ」と話しかけてきたときに，無理に「へぇ！」「そうなんだ〜！」と言葉を返さなくても「うんうん」とほほ笑んでうなずいていることで，子どもは「受け止めてもらえている」と安心します。余裕がないのに無理に「すごいねぇ！」など言葉をかけていると，どこか違和感があることに気付きます。心のこもらない言葉は，何も伝えてくれないのです。

これで突破！

- 言葉だけに意味があるのではない
- 先生がそばにいて，笑って，楽しんで，聞いてくれていることが大切

9〜10月

4 授業中の態度にカチンときたら？

「大人めがね」を外してみよう

> 担任が子どもたちの行動の見方を変えれば，
> それがお互いの「チャンス」になる

困った場面

Q 授業中，定規で遊んでいたり，手遊びをしていたりして，前を向かない子どもが数名います。こちらは一生懸命授業をしているのに，カチンときて，ついきつく叱ってしまいます。授業態度を変えるにはどうしたらいいでしょうか？

A 教材研究をして，いざ授業に臨んでみたら……

・手遊びをしてうつむいている
・頬杖をついてぼんやりしている
・消しゴムを指ではじいて遊んでいる
・椅子をギコギコしている

など，子どもの授業中の態度が気になって仕方ないということもありますね。
自分はこんなに精一杯準備をしてがんばっているのに，その態度はなんだ！
と，つい厳しく叱ってしまうという気持ちは，とてもよくわかります。

　でも，ここで立ち止まって考えたいのは，

> 子どもたちの授業態度を変えるには，まず子どもの見取りを変えること

ではないでしょうか。子どもの態度が「悪い」と見えるのは「大人めがね」
を通しているからです。そのめがね，外してみませんか。

成功のポイント 授業中の態度にカチンときたら？

まず深呼吸する ···

　カチンときたときは，まず深呼吸して落ち着きましょう。子どもの態度を見てすぐさま叱るのを，周りの子どもたちも見ています。手遊びしている子どもよりも，突然怒鳴る担任の方が，子どもたちにはダメージが大きいです。

「もしかしたら説明が長かったのか？」と考えてみる ······························

　低学年の子どもたちは，長い話を聞くことが苦手です。聞いている途中でわからなくなると，そこで聞くのをやめてしまうこともあります。説明はなるべく簡潔に，言葉を精選して行うように心がけてみましょう。

「わからないことがあったのか？」と考えてみる ··························

　もしかしたら，何かわからないことがあって，それでふてくされていたり，「もうダメだ」とあきらめていたりするのが，態度に出ているのかもしれません。机間巡視をしたときなどに「どこまでわかった？」と聞いたり，ペアで確認する時間を設けたりしてみましょう。

「集中力が切れたのか？」と考えてみる ·······························

　授業は45分ですが，子どもの集中力は15分ともいわれています。新出漢字→ミニテスト→音読→読み取りなどのユニットに分けるなど，テンポよく，そして，時々子どもたちをクスッとさせられる授業を考えてみましょう。

「授業どころじゃない何かがあるのか？」と考えてみる ··················

　何か心配なことや，困ったことがあって，授業に気持ちがのらないのかもしれません。授業のあとに，「最近，ちょっと授業に気持ちがのらないみたいだね。前と違うから，心配しているよ。困ったことがあったら，教えてほしいな」と話してみましょう。「実は，家でこんなことがあって」「友だちと最近けんかして」と打ち明けてくれるかもしれません。

これで突破！

- 子どもの「態度」を見るのではなく，その子どもの「思い」に目を向けよう

5 発表する子が限られてきたら？

先生が「先生」をやめてみる

意見を言うというのは，貴重なアウトプットの場。
手を挙げるだけにこだわらない発表を

困った場面

Q だんだん，子どもたちが「手を挙げて発表する子」と「発表しない子」に分かれてきているのを感じます。いつも同じ子が授業で活躍している状況を変えるにはどうしたらいいでしょうか？

A 授業中，たくさんの子が手を挙げ，意見を堂々と述べている子に「賛成」などのハンドサインが躍る教室。その光景には，私も憧れていました。子どもの意欲を感じ，全員が参加しているように見えます。

しかし，全員手を挙げる光景は，とても美しく見えますが，それは大人目線での授業の美しさであって，その光景は「40人のうち，数人が結局は選ばれる光景」でもあります。

そもそも，「発表」というのはアウトプットの方法の一部です。自分の意見をノートに書くこと，自分の考えを隣の友だちに説明することも，発表することと同じ力なのです。ですから，「発表できるかどうか」という見えることだけを追うのではなく，「自分の意見をアウトプットできる場をつくっているかどうか」を考えてみませんか。

そのためには，担任が一歩引くことも大切です。「これはこうだよ」と教える場面も大切ですが，それと同じくらい「これはどうなの？」と子どもに教えてもらう場面もつくってみましょう。

成功のポイント 🖊 **発表する子が限られてきたら？**

先生が教えてもらう立場になる ....

教　師：今日は18＋7の計算の仕方を勉強します。えっと，8＋7は15だよ
　　　　ね，ということは，18＋7は115か。（つぶやきながら板書）

子ども：え？　違うよ！

子ども：先生，おかしいって！

教　師：（思い切り笑顔で）18＋7は115です！　できたー！　わーい！

子ども：え！　先生，大人なのにわからないの！

子ども：違うよ！　おかしいよ！

教　師：そうなの？　何が違うか教えてほしい！

と言うと，子どもたちは頭を突き合わせて相談を始めます。「授業」では意見を言えない子も，この楽しい「担任をやっつけるゲーム」に参加します。担任が教えるだけの授業は，相手がいません。でも，「わからない誰か」がはっきりしていると，子どもたちはなんとか理解させたいと一人一人が考えます。

ノートを映し，続きを謎解きさせる ....

　意見を発表できない子でも，ノートに考えを書けている子がいます。それを取り出して，拡大投影機などで黒板に映します。ただ手を挙げる勇気がなかった子は，ここで説明できます。一方，途中まで図を描いて説明できていたり，問題文に線を引いたりして，格闘のあとがわかる子もいます。これも立派なアウトプット。あとは続きをみんなで完成させます。個のアウトプットで，全体のアウトプットをつくります。「これはどういう意味の図かなぁ」「この線，何か意味があるんだよなぁ」とつぶやいて，「ちょっとみんな，この続きがどうなるか，謎解きしてみて」と子どもたちに考えさせてみます。「謎解き」という言葉は，子どもたちにスイッチを入れる言葉になります。

✋**これで突破！**

・先生が「先生」をやめて，子どもたちが考え，発言する場をつくる

9〜10月

北森，教員やめたいってよ
—富山編—

　私には，教員を辞めたいと思った時期が2回あります。その2回目は，富山県で初めて赴任した年でした。その学校は，壁に穴があき，窓から給食が捨てられていました。そして，その学校の職員室には，誰もいませんでした。これまでの自分のやり方は，その学校では通用しませんでした。

　そのとき，私を救ったのは，書籍等からの学びでした。砂漠で水を求めるように，とにかく書籍で山ほど仕入れ，貪り読みました。様々な実践家・研究者の本，ビジネス書も読みました。県内外の研修へも足を運びました。自分が知るべき「知らないこと」が，世界にはあふれていることを知りました。

　「学びマニア」になりかけていた私の目を覚ましたのは，同じ学校に勤務する友人でした。ある有名な実践家のセミナーのあと，彼女が言ったのは「あのままクラスでやっちゃうと，学級崩壊するね」でした。読んだそのままでは，その知識も役に立ちません。相手にしているのは，その実践をした先生のクラスではなく，自分の目の前にいる全く違う子どもたちだからです。

　友人に目を覚まさせてもらったおかげで，今もいろいろな実践から学びながら，自分ならどうするかを問い続けています。そして，今も自分をカスタマイズし続けています。それは，なかなかしんどいですが，楽しい作業です。

　この本に書いたことは，自分の脱皮の「痕」です。あまりスマートな実践はしていないので，あちこちぶつかったり，泣いたり，凹んだり，そんな毎日で傷だらけですが，こうして文字にしてみると，「がんばったな」と思えます。本にしている時点で，これらの実践は「過去」なのですが，この過去から，私はさらに成長していたいと思います。そして，この実践を足場に，新しい実践が生まれることを願ってやみません。

第 5 章

「魔の11月」に
学級力をあふれさせる

11〜12月

1 逃げ道を用意する叱り方って？

担任とのつながりを信じられること

**叱る目的は，子どもをやっつけることでも，
断罪することでもなく，気付かせること**

🐻 困った場面

Q 私が子どもを叱っているのを見た先輩教諭から「叱るときは逃げ道を用意しなさい」と言われました。「逃げ道」って具体的に何でしょうか？

A 例①「昨日も同じことで叱ったでしょ？　今日もまたしたね？　昨日『もうしない』って言ってなかった？　ねぇ，じゃあ明日もするの？」
例②「これを見てください。宿題を出していない日がこんなにあります。他の人たちはそんなことしていないですよ。どうなっているの？」
例③「なんでけんかしたの！　みんなと仲良くしなさいって言ってるでしょう！　『だって』じゃありません！　そんなの聞きたくない！」

　……これが私の考える「逃げ道のない叱り方」です。どうですか？　読んでいるだけで，苦しくなりませんか？

　「逃げ道を用意する」というのは，どんな言葉を使うかというよりも，

逃げ道を通っていった行き先は，笑顔の先生がいると子どもが信じている

ということだと思っています。「叱られても，先生は私を見放してはいない」「先生は今，怖い顔をしているけど，きっと笑顔でまた接してくれる」という安心感があれば，先生の言葉は子どもたちの心に沁み込んでいきます。

　低学年の子どもたちにとって，担任の存在はとても大きいです。「もう嫌いなんだ」と思わせるのではない叱り方を考えていきましょう。

成功のポイント📝　　逃げ道を用意する叱り方って？

行動に賛同しないが，気持ちには寄り添う

　叱られる子にも，言い分はあります。

教　師：なぜA君を叩いたの？

子ども：うざいって言われたから。

教　師：うざいって言われて，悲しかったんだね。先生もそれは悲しくなる
　　　　な。でも，また同じことがあったら，どうする？　叩く？

子ども：……「やめて」ってまず言ってみる。

教　師：よく考えたね。次はきっとできるよ。

「本当は～したかったんだよね？」

　本当に言いたいことは「叱られる行動」がオブラートになっていることも。

教　師：A君を叩いたんだね。

子ども：だって，あいつムカつくんだ！　サッカー入れてくれないし！

教　師：そうかぁ。サッカーしたかったんだ。

子ども：うん。

教　師：じゃあ，本当は，「まぜてよ」って言いたかったんだよね？

子ども：……うん。

教　師：練習してみようか。先生，A君の役するね。(サッカーをする真似)

子ども：ま，まーぜーてー。

教　師：よし，これで大丈夫だ！　絶対次はサッカーできるね！

あとで小さくほめる

　頭ごなしに叱ってしまうこともあると思います。そんなときは，あとで小さくその子をほめてみましょう。目が合ったら手を振るとか，言葉でなくても大丈夫です。「先生は見放してないんだ」と子どもが思えることが大切です。

👋**これで突破！**

・子どもが担任とのつながりを感じたまま，自分の行動を振り返るようにする

11
〜
12
月

2 リーダーシップを経験させるには？

「リーダー」を循環させる

> リーダーになる可能性は誰にもある。
> 「教師主導」でリーダーを経験させよう

困った場面

Q 授業中も生活場面でも，進んで仕事を引き受けたり，発言したりする子が固定されてきているように思います。いろいろな子どもにリーダーシップをとるチャンスをあげるには，どのような方法がありますか？

A クラスにいい雰囲気をつくり，クラスをうまくまとめていける「原動力になる子」が増えると，子どもたちは教師の手を離れて，自分たちで「いいクラスをつくろう」と動き出します。その原動力になる子を，「リーダー」と呼ぶことも多いです。しかし，そのリーダーをはじめから子どもの発言力の有無で成り行きに任せて決めていたら，「選ばれなかった」子どもたちはそこから「自分はリーダーには選ばれない」という学習をします。リーダーとなる子どもは固定化し，その影響は，中学年・高学年まで続いていきます。

　リーダーというのは，発言力のある子だけが担える役割ではありません。発言は控えめでも細やかな配慮ができる子，普段は乱暴な言葉遣いでも掃除などをきっちりやる子，発表することはなくても意見をちゃんともっている子。子どものよさにスポットライトを当てると，そこにはリーダーとして必要な力があるはずです。

　「オールマイティーな1人」が数人いてもいいですが，「いざというときに力を出せる1人」がたくさんいるのも，心強いと思いませんか？

成功のポイント 🔍 リーダーシップを経験させるには？

　どの子にもリーダーシップを経験させるには，まずはリーダーを任せてみるしかありません。「誰がリーダーになる？」と問えば，選ばれない子も出てきます。私は，向き・不向きはやってみてからその子が決めればいいと思うので，全員にリーダーを経験させます。

日替わりリーダー ・・・

　ジャンケンなどでローテーションの順番を決めて，日替わりでリーダーをします。「リーダー，みんなのプリントを集めて」「リーダー，みんなの掃除分担を提案して」など，その日の様々なことをリーダーに託します。

班でリーダー ・・

　社長，監督，ボス……呼び名は何でもいいのですが，班の人数分のリーダーの役職を決めます。「役職はちょっと……」という場合は，「赤，黄色，青，緑」などの色や動物等でも構いません。「じゃあ，社長が話し合いの司会をしてね」「青リーダーで掃除の反省会をお願いします」など，そのリーダーの名前を使って仕事をお願いします。

　どちらも，今日のリーダーは誰なのかがわかるようにしましょう。ワッペンを作ってもいいですし，机に「今日のリーダー」とわかるようなものを置いてもいいと思います。それは「リーダーが誰かをわかるようにする」というより，誰がリーダーかわかることで，担任や友だちから「リーダーに労いの言葉をかけやすくする」という意味合いがあります。他の班の子から「リーダーなんだ，がんばってね」「ぼくもリーダーだよ。一緒にがんばろうね」と声がかかることもあります。そして，一日の締めくくりには，「今日のリーダーにありがとうを伝える」という時間をとりましょう。

✋これで突破！
- まずは全員にリーダーを経験させる
- リーダーに向いているかどうかは，のちのち子どもが自分で判断する

11〜12月

3

子ども同士で解決させるには？

「まぁ，座ろう」を言える環境を

> 子どもたちの世界で起きたことは，
> できるだけ子どもたちの世界で解決できるようにしよう

🐾 困った場面

Q けんかや休み時間のもめ事で「先生に言えばいい」「先生が相手を叱ってくれる」という雰囲気があります。休み時間の度に「先生！」と呼ばれると，ついつい「何があったの？」「こうしたらいいんじゃない？」と動いてしまいます。できれば，子どもたちで解決できるといいのですが，どうしたらいいでしょうか？

A 子どもたちがかかわりを深めていく過程には，もめ事や対立は必ずと言っていいほど起こりうることです。しかし，その度に担任にその解決を求めてきたときに，求められるまま「はい，解決しますよ」と担任が介入していた場合，子どもたちには何か身に付くのでしょうか。

「自分たちで解決させたい」と思うのならば，まずするべきことは，担任が入り込まないということです。かといって，「今日から自分たちでなんとかしなさい！」と丸投げするのは，泳ぎ方を教えないでプールに放り込むのと同じです。ですから，そのためには，

> 自分たちで解決するためのツールを教え，環境を整えること

をしっかり行いましょう。

成功のポイント 子ども同士で解決させるには？

解決するためのツール１：話し合いの型 ・・・・・・・・・・・・・・・・・・・・・・・・・・

①まず，座る…座った方が冷静になれます。

②司会を決める…話し合いの中心です。

③何があったのか整理する…意見の対立がある場合，どちらの話も「なるほど」と同じくらい聞きます。

休み時間のトラブルを
自分たちで話し合う２年生

④「これからどうしたいか」を話し合う…「けんかをしたけど仲直りしたい」「もうボールの取り合いにならないようにしたい」など，共通の「よりよい未来」を考えます。

⑤「これからどうするか」を決める…どちらの言い分も聞いたうえで，「どちらが悪いか」ではなく④で話し合った未来に向かって「これからどうするか」を話し合います。

解決するためのツール２：ホワイトボードを用意する ・・・・・・・・・・・・・・・

　ホワイトボードに書き込むことで，それが緩衝材になります。なくてもなんとかなりますが，あると「それを中心に座る」という雰囲気が生まれ，「ホワイトボード持ってくる」が「解決しよう」という意味の合言葉になります。

解決するためのツール３：キーマンを育てる ・・・・・・・・・・・・・・・・・・・・・・・・

　解決するのは，必ずしも当事者でなくても構いません。トラブルになった当事者の真ん中に入り，「けんか？　まぁ，座ろう」と言える誰かがいればいいのです。もめたときに「先生！」と言うよりも「○○さん，ホワイトボード！」と言えるような子どもを見つけて，「AさんがBさんとCさんの間に入ってくれていたよ」と素敵な行為だと知らせると，「自分もやってみよう」と動き出す子どもが出てきます。

これで突破！

・解決するツールを教えることで，自分たちで解決できるようになる

11〜12月

4 「ほめられ待ち」をどうすれば？

自分たちでほめることを楽しむ

**ほめることができるのは先生だけじゃない。
自分でほめる楽しさを味わわせよう**

困った場面

Q 自分としては，子どもたちをたくさんほめていると思っているのですが，子どもたちから「先生は全然ほめてくれない」と言われました。その様子を見ると，子どもたちはほめられることを待っているような印象です。どうしたら子どもたちが満足するようなほめ方ができますか？

A 子どもたちを個別に見て，しっかりほめている先生でも，子どもの中には「全然ほめてもらっていない」と感じている子もいるのでしょう。たとえほめられた日でも，自分以外の友だちがほめられていると「自分ももっとほめられたい」と思います。先生がほめた数や質と，子どもの体感は違うことも多いです。ほめるという行動は，ほめられなかった子を生む行動でもあります。

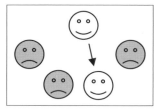

ほめられた子の周りには，
ほめられなかった子が……

　ですから，個に注目するだけでなく，クラス全体を包み込むほめ方を工夫してみましょう。低学年の子どもたちはキャラクターが大好きです。赤坂真二先生，田中光夫先生の実践の中には，子どもたちをキャラクター化するものがあります。クラス全体での成功やよさを，そのキャラクターにこめていくと，子どもたちも「ほめられ待ちの自分」から「自分で自分たちをほめよう」へと関心を移していきます。

成功のポイント 「ほめられ待ち」をどうすれば？

①まず，先生がお手本を見せる ‥‥‥‥‥‥‥‥‥‥‥‥‥‥‥‥‥‥‥

クラスの中で人気のあるキャラクターを原本に
して，子どもたちのがんばった姿や素敵だと思っ
た姿にカスタマイズします。写真は，「妖怪ウォ
ッチ」が大流行していた時代の2年生に作ってい
たキャラクターです。学習発表会のあとには「ダ
ンスがんばったニャン」，校庭の落ち葉掃きを自
主的にしていた日には「おちばはきニャン」，生
活科で1年生におもちゃランドを開いて成功した
日には「おもちゃランド大せいこうニャン」，国
語の授業で様々な読みが出てきた日には「読み方
たすニャン」など，なんでもありです。

②子どもたちに託す ‥‥‥‥‥‥‥‥‥‥‥‥‥‥‥‥‥‥‥‥‥‥‥‥

①が軌道にのったら，「あー，ほめたいことがあるんだけど，先生，どう
しても職員室に今から行かなきゃいけないんだよねぇ」とアピールすると，
必ず何人かが「手伝おうか？」と言ってきます。そこで，「先生の代わりに，
キャラクター書いてくれる？」と短冊を渡してお願いします。すると，「や
るやる！」と各々のほめたいことをキャラクターにしていきます。「自分か
ら声かけるニャン」「うれしいニャン」「ハイタッチニャン」「えがおニャン」
など，自分のことやクラス全体のこと，いろいろなほめたいことに合わせた
キャラクターが生まれます。短冊（A4の色上質紙を半分にカットしたも
の）と教室に掲示するためのクリップをセットにして置いておき，自由に使
っていいことを説明すると，次の日からほめたいことが教室の壁面にあふれ
ていきます。

11
〜
12
月

これで突破！
- 自分で自分をほめることを楽しむ環境づくりをする

5

学級目標を振り返るには？

ポジティブに原点に返ろう

> 学級目標を振り返るときには，ポジティブに。
> 自分たちの成長の数を数えよう

🔖困った場面

Q 学級目標を4月にたててから，あまり活用していません。振り返りが大事だと先輩教員から言われ，参考にもらったワークシートが「達成度は何％？」のような低学年には難しいもので，どのように振り返ればいいのかイメージがわきません。何かいい方法はありますか？

A 学級目標の振り返りは，「○○はできていないから，5段階中3」「学級目標の中の○○はできているけど，○○はできていない人が多いから，まだ達成していない」など，ダメ出しありきの振り返りがよく見受けられます。個人的に振り返る場合ならばまだいいのですが，クラス全体でダメ出しの話し合いをしていることもあり，学級目標が子どもたちを縛る息苦しいものになっているのではないかと懸念しています。

学級目標を決める際，子どもたちに「これは3月のゴールイメージ」と語っている以上，子どもたちは「3月に向かって，少しずつ評価を向上させていくもの」という予想で評価をしているはずです。ですから，2学期の振り返りでまず「ダメ出し」をして，3学期にそれを解決し，めでたく学級目標達成……という「暗黙のシナリオ」があるのではないでしょうか。

学級目標が，子どもたちを縛るものではなく，達成感を感じるためのツールにするために，ポジティブに振り返ることを心がけましょう。

成功のポイント　学級目標を振り返るには？

学級目標をイメージする ・・

　集団で一緒のことをすることではなく，一つの目的にそれぞれの方法で参画している姿に価値を見出してあげましょう。イベントや，集会など，学級目標を達成することが目的の何かの中ではなく，普段の生活の中に，子どもたちのがんばりはあふれています。

　例えば，ある年度の2年生を担任したときの学級目標は「さいごまであきらめない，がんばる2年1組」でした。そのときに，定期的に子どもたちに振り返らせていたのは，「どんなときに，誰が（自分も含む）その学級目標にぴったりの行動をしていたか」ということでした。

　子どもたちがイメージする姿は多様です。「画数の多い難しい漢字を覚えようとがんばった」「かけっこのとき，転んだけど最後まで走った」「友だちのけんかを止めようと〇〇君とがんばった」「野菜の苗が枯れそうだったから，どうしたらいいか班の人と相談して，枯らさないようにした」など，「さいごまであきらめない，がんばる2年1組」のイメージは様々でも，それぞれが「みんなでいいクラスにしたい」という思いで行動していることが共有されていることが大切だと思います。

時にはつくりかえてみる ・・

　学級目標は更新されていっても構わないものです。達成したという満足感がある場合，違う目標を見つけた場合，もっとスモールステップで考え直した場合など，子どもたちの目指す「こういう学級をつくろう」という願いが変化した場合には，柔軟に対応しましょう。4月にたてた目標が具体的すぎて窮屈だったり，あまりに抽象的すぎて低学年の子どもたちが具体的な行動としてイメージできなかったりする場合も，考え直す必要があるかもしれません。

これで突破！
- 学級目標はダメ出しで振り返らず，ポジティブなイメージを共有する

11〜12月

6 横のつながりはどうつくる？

「点」と「点」を辿った先に笑顔がある

担任と子どもの縦糸，子どもと子どもの横糸。
横糸は，その痕跡を残すことで紡がれる

困った場面

Q 子ども同士をつなげるということを聞きますが，仲良くしようと呼びかけるだけでいいのでしょうか？

A 「つながっていること」と「仲良くすること」は，必ずしもイコールではありません。教室には，様々な考え方，育ち方をした子どもたちがいます。全員が同じ日程を過ごしていますが，それに向かう思いというのは，子どもの数だけ違います。気が合わない子どもも中にはいるでしょう。ですから，「仲良くしなさい」というのは，子どもの思いを教室という密室に閉じ込めてしまう言葉なのかもしれません。

もちろん，仲が良いというのは目指したいことの一つです。仲が良いから成し遂げられるものがあるとも言えます。しかし，それは「仲良くしなさい」というトップダウンで生まれるものではありません。そして，家庭から小さな社会へと船出したばかりの低学年では，「何かを成し遂げた先にある仲の良さ」も経験させたいものです。

子どもたちがつながる感覚をもつのは，自分が友だちのためにできたことを「点」とすると，いくつもの「点」を残し，それをなぞった先に，友だちの笑顔があるという状態ではないでしょうか。私たち教員にできるのは，その「点」を痕跡として残すことだと考えます。

成功のポイント 横のつながりはどうつくる？

　子どもたちが友だちのために行ったことやお手本となるような行動を，とにかく痕跡として残します。そうすることで，感謝し合う環境が生まれ，「心地よさ」で子どもたちはつながっていきます。ゆくゆくは，それがクラスの文化となっていきます。

子どもたちのよさの掲示

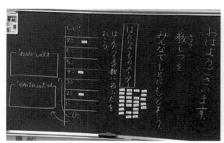 

大掃除やワックスがけ等で机を廊下に出した次の日の朝の黒板

 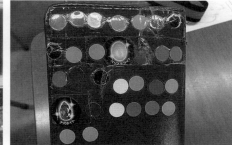

掃除をがんばる人の免許状　　　　友だちと協力したときのシール

11〜12月

これで突破！
・子どもたちが誰かのためにできた行動を「痕跡」として残す

〔参考文献〕山下幸編『THE 清掃指導』明治図書，2015

143

1 「勉強が教えられない」と 言われたら？ 普段着の授業を伝える

保護者を「共」育者ととらえ，
家庭学習を丸投げすることなく，信頼を得る

困った場面

Q 勉強が難しくなってくる2学期。保護者から「家で宿題を見ていますが，『先生はそんな教え方しない！』と子どもが言うので，教えることができません」と連絡がありました。1年生の内容なので，保護者にも教えることはできると思うのですが，どうしたらいいでしょうか？

A 学習内容が難しくなる2学期。「自分が習ったときと教え方が違う」「子どもに教えると『先生と違う』と嫌がられる」と，家で教えたくても難しいと訴える保護者も出てきます。保護者は，我が子の専門家であっても，教科を教える専門家ではないので，たとえ1年生の学習内容だとしても「教えられない」というのは，無理もないと思います。親の世代の教科書や教え方とは違っていることも多く，自分の記憶の通りに教えると，子どもからは「違う」という反応が返ってくることもあるでしょう。

子どもたちが勉強嫌いになる原因の一つとして，「なんでわからないの」という叱責を受けることがあると思います。低学年の担任として大事な役割を，有田和正先生は「保護者の教育」と書いています。私はそれを，「保護者を『共』育者にすること」だととらえています。家庭に学習を丸投げすることなく，困ったときに適切な言葉かけをしてもらえるヒントの一つになります。そして，それが，保護者からの信頼を得るきっかけにもなるのです。

成功のポイント 「勉強が教えられない」と言われたら？

　学級だよりの裏面で，授業を「公開」します。基本的な教え方を書いて，保護者と共有することで，家庭学習で困ったときに「なんでわからないの」ではなく「これは次にどうするんだった？」「何か忘れてない？」という具体的な支援ができます。子どもにとっても保護者にとっても，win-win です。

算数の学習について

　現在、１０までのたし算を学習しています。算数ブロックを使い、「あわせて」「ふえると」などのことばの確認を丁寧にしています。文章題には、問題文の中に必ず式を作るヒントや、答えにつけることばが書かれています。それを見落とさないように、よく読んで、必要なことばに線を引いたり、○で囲んだりする学習活動をしています。

<例>

① まず、文章の中から式に必要なことばを見つけます。「ぜんぶで」「みんなで」「あわせて」「ふえると」があれば、必ず足し算です。

　「式を作るときに大事なことばをさがすよ。『ぜんぶで』はある？『みんなで』はある？『あわせて』はある？『ふえると』はある？」→問題文に必ずどれかはありますので、見つけたら赤で線をひきます。

　「たし算のことばがあったね。この問題の式は足し算です。」→式に「＋」を書きます。

② 次に、式に使う数字を探します。

　「＋の前と後に数字をいれるよ。文の中にある数字は何？」→数字が２つ出てくるので、赤い○で囲みます。そして、式に数を入れます。３＋４の式ができました。あとは計算です。３＋４＝７

③ 答えを書きます。答えには、数字だけではダメです。必ず答えに必要なことばを入れます。

　「数字の後ろについていることばを、必ず答えには書きますよ。」

　数字の後ろにある助数詞（個、匹、本…など）に赤で波線を書かせます。

> $\boxed{1}$　　たまごの おすしが ②こ あります。
>
> 　えびの おすしが ③こ あります。
>
> 　おすしは，ぜんぶで なんこ ありますか。
>
>

これで突破！

・学級だよりで，授業で使っている言葉や教え方を公開する

2 子どもたちの活躍をさらに広げたいときは？ みんながみんなの先生

**子どもたちが学級の外へと活躍の場を広げるには，
担任以外にも味方がいると知らせること**

困った場面

Q 子どもたちが学級の中で様々な活躍をするようになってきました。イベントも楽しそうに企画していますし，友だちとの関係もあたたかいです。でも，それだけではなく，これからは学級だけの閉じた行動から，学級外での行動にも目を向けてほしいと思っています。どうしたらいいでしょうか？

A 子どもたちが，学級で大活躍するようになると，徐々にその目は学級の外へと向いていきます。「学級」という枠があっても，子どもたちは自分でそこから飛び出していこうとします。それを後押しするのは，「担任だけが見守ってくれているのではない」「みんなが自分の先生」という安心感かもしれません。つまり，「学校にいるみんなが，自分たちの先生なのだ」と感じることです。

そのために，担任としてできることの一つが，まずは自分が他のクラスに関心を向けるということです。自分のクラスのように，他の学年やクラスの子どもたちを見ていると，様々な発見があります。それを，その担任の先生に知らせたり，子どもたちに伝えたりしていきます。知らされた先生は「あ，先生のクラスの子も……」と知っていることを思い出してくれるかもしれませんし，子どもたちは「先生は他のクラスのことも見ているんだ」と感じたりします。「みんながみんなの先生」を，まず自分がやってみせるのです。

成功のポイント　子どもたちの活躍をさらに広げたいときは？

子どもたちの思いを職員室に届ける

給食で調理師さんが
遊びに来る

　子どもたちが日頃感じていることや，したいと思っていることを，職員室に向けて発信します。「調理師さんに質問したいことがあるらしいんですよ」「１年生と一緒に集会をしたいようなんです」など，子どもたちが何気なく口にしたことでも伝えてみます。自分に関心をもってもらえることは，多くの人にはうれしいことです。その結果，「ではちょっと遊びに行こうかな」「手紙を書いてみようかな」と動いてくれることにもつながります。そこでできたつながりが，その後の子どもたちの行動を広げるきっかけになります。

職員室の声を子どもたちに届ける

他のクラスの先生から
手紙が届く

　「１年生の掃除を手伝っていた」「給食室の調理師さんに『おいしかったよ』とお礼を言いに行っていた」「他のクラスの先生が重たい荷物を持つのを手伝ってくれた」「他のクラスのけがをした子を保健室まで連れて行った」など，うれしい報告が職員室で聞こえてくることもあります。それを，その場で「ありがとうございます」と答えるだけでなく，必ず子どもたちにも伝えます。そうすることで，子どもたちは「自分たちのことを，先生たちみんなが見てくれているんだ」という感覚をもち，安心して学級の外へと活躍の場を広げることができます。

これで突破！

・担任がまず，他の教職員とつながり，子どもたちとつなげていく

11〜12月

3 子どもたちをさらに前に進めるには？ 自分たち自身を味方につける

**子どもたちの最終的な味方は，自分たち自身。
自分たちで決める自由と責任を**

🐻困った場面

Q 「先生，〇〇していいですか？」という確認が，このところ増えたように思います。イベント活動などを自分たちでいろいろやろうとしているのはわかるのですが，何かしようとする度に小さなことも担任に確認してきます。もっとのびのび活動させるには，どうしたらいいでしょうか？

A 「先生，トイレ行っていいですか？」のような「いいですか？」と確認をとるのは，担任に直接答えてもらいたい低学年ではよく見られる行動です。子どもたちが何か行動を起こそうとしたときに，不安や怖さがあると，誰かに背中を押してもらいたくて言っているようです。また，ルールや枠組みがわからないときにも出てきます。

　・「先生，〇〇していいですか？」＝「これをすると叱られるかな？」
　・「先生，〇〇使っていいですか？」＝「これは先生のもの？　ぼくらのもの？」
　・「先生，〇〇行っていいですか？」＝「〇〇へ行っていい時間はいつ？」
　・「先生，〇〇持ってきていいですか？」＝「持ち物の決まりはあるの？」
　つまり「いいですか？」と聞かれたことは，クラスの中のルールが曖昧だということや，担任の指示が浸透していないということです。子どもたちが理解しやすいのは，「子どもたちが決めたこと」です。「いいですか？」が出てきたら，「自分たちで決めることを教えるチャンス」です。

成功のポイント 子どもたちをさらに前に進めるには？

小さなことも，子どもたちに委ねる

　低学年でも，自分のことは自分で決めたいし，決められる力をもっています。校内で決められていることを除き，「いいですか？」と尋ねられたことは小さなことでも，子どもたちに問いかけてみましょう。問うと，子どもたちは自分の問題としてとらえ，クラスの中で共有されます。すると「ぼくもわからなかった」と共感する子や，「わたしはこうしてるよ」と提案する子が出てきます。「みんなの大事なことは，自分たちで決めてごらん」と委ねてみると，「自分たちで決めていいの?!」と，とても喜びます。そうすることで，「先生が決めて」から「自分たちのことだから，自分たちで決める」という方向に舵をきります。

自分たちの達成度を可視化する

　自分たちで決めていいといっても，何でも任せて，あとは知らん顔をしていては，ただの放任です。

　「自分たちで決めていいけど，自由と責任はセットです。自分たちで決めたことを自分たちが守らなくなったら，先生が全部決めていきます」と，宣言します。せっかく手に入れた「自由」を子どもたちは手放すまいと張り切ります。そして，「みんなで声をかけ合おう」「これはしないでおこう」と子どもたちの自由を保障する「決まり事」が生まれます。自由とは，無意識に実行している「決まり事」に支えられているものです。右の写真は，メーターのようなものです。自分勝手な行動が増えてきたら，「自由のない海」へと近づいていくので，自分たちの行動を振り返り，調整しようとします。

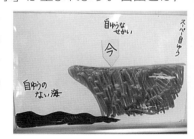

これで突破！

- ルールを自分たちで決めることで，活動の自由度を高める

4 授業の空気が重いときは？

難しいことには楽しさを味方に

> 一見どうでもいいような楽しさを挟むことで
> 重い空気をやわらげ，壁を下げる

困った場面

Q 2学期の学習はいちだんと難しさを増します。時々，授業中に「難しい」「無理だぁ」という重い空気が流れるのを感じます。その雰囲気を払拭する方法はありますか？

A 2学期になると，様々な行事の合間を縫って，1年生はいよいよ漢字の学習や繰り上がり・繰り下がりの計算が，2年生はかけ算が始まります。1学期の学習ですでに難しさを感じていた子にとっても，1学期の学習をマスターできた子にとっても，2学期の長丁場は，覚えること，理解することがたくさん出てきて，消化不良を起こしやすいです。授業中も「また難しいことが出てきたぞ」「やっかいだなぁ」というマイナスの気持ちが出てくると，空気がどんよりして，気付いたらみんな下を向いている……という事態になりかねません。

事前にいくら教材研究をしていても，どんなに構造化された板書を考えていても，発問を工夫していても，子どもたちの心に「できない」という壁ができていては，響いていきません。

難しいことほど，楽しいことや面白さをオブラートにしていきましょう。そうすることで，「難しいことはできない」という心の壁が少し下がり，本来教えたいことが沁み込みやすくなります。

成功のポイント 授業の空気が重いときは？

お助けキャラクターをつくる

右の写真は，子どもたちの「(繰り上げないと) 計算できない！ 無理だ！」という叫びから生まれた「ムリダー」と，「いや，こうすればできる！」という応援の声から生まれた「デキルダー」，「この式，変じゃない？」という疑問から生まれた「ヘンダー」です。キャラクターがあるから OK というわけではなく，着火剤のようなものです。

内容が難しいときには，このキャラクターが出てきます。これが出てくると，「あ！ ムリダー来た！」と，それまでのモヤっとした空気がやわらぎます。担任も「こ，このいや～な空気は，あいつがやってくる！」と突然叫んでから「ムリダー！ 参上！」と問題の横に貼り付けると「俺！ デキルダーになれる！」と手を挙げて意見を言う子が出てきて，それまでの停滞した空気がまた動き出します。

ダジャレで覚える

九九を語呂合わせで覚えるように，低学年の子どもたちはダジャレが好きです。それを使って面白く覚えられることもあります。右の写真は，2年生の算数の「3つの数の計算」で ( ) を使うことを教えたときのキャラクターです。子どもたちの好きだったドラマの主人公を想起させるキャラクターを登場させ，「かっこつける！ ( )，つける」とダジャレを合言葉にしました。面倒な計算問題も，これで楽しく乗り切りました。

✋ **これで突破！**
・難しいこと，面倒なことは，楽しさをオブラートにして沁み込ませる

11〜12月

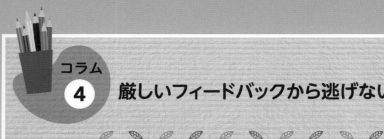

厳しいフィードバックから逃げない

> 意見がぶつかることもなく，チームメンバーに対していつでもニコニコしているのがポジティブな状態だというイメージを持っているのは，大きな誤りだ。（ジョン・ゴードン『最強のポジティブチーム』，筆者要約）

　職員室は，学年団というチームが集まり成立しています。〇年生は難しい顔をして，会話もない。□年生はいつも冗談を言い合い，笑っているが，互いの実践に対する対話を避けている。△年生は，日々の実践について経験年数関係なく意見を出し合い，それぞれの仕事を補いながら進めている。さあ，どの学年団が，チームとして「ポジティブ」な状態でしょうか。

　SNSが教員の世界でも影響を与えています。セミナーには講師の本名ではなくアカウント名が。セミナーの紹介文には講師が何を成したかではなくフォロワー数が。そして，インフルエンサーが書籍を出せば，SNSのフォロワーからの絶賛がコメントされる。そんな時代です。私は，その文化が，いずれ職員室に持ち込まれるのではないかと，一抹の不安を覚えています。

　チームになるときには，難しい対話も避けられません。そこから逃げ，表面上「いいね」と言い合う□年生のような学年は，結局は何も成すことができないのです。子どもたちのために教員も成長していかなくてはいけません。そのためには，「ここはこうした方がもっと良くなる」「あのときの子どもへの指導言はどうかと思う」そんな難しい対話を経験しなければいけません。その結果，チームとしての力はより高まります。表面上のポジティブを求めず，厳しいフィードバックも糧にしていく勇気をもちましょう。

第 **6** 章

次年度への
ラストスパート

1 3学期の学級開きをどう迎える？

新年はお祭り気分で

**「3学期は～しなければ」という焦りを捨て，
ただただ新年の雰囲気を一緒に楽しむのも◎**

困った場面

Q 「3学期は1年間のまとめになる時期です。次の学年に向けて，学習の基礎を固め，そして，1つ上の学年にあがるという自覚をもたせるために……」という話を聞いていると，3学期が始まるのが億劫です。3学期はどのように迎えるといいでしょうか？

A 上記のように「次年度に向けて」という言葉が多く聞かれる3学期。その言葉を鵜呑みにして，子どもたちを追い立ててしまう担任の焦りが「魔の2月」を招く一因だと私は考えています。

子どもたちは「〇年生として！」とか「次年度に向けて！」という思いではなく，日々を精一杯，楽しんだり，けんかしたり，泣いたり，笑ったりして過ごしていると思います。担任だけが「3学期だから！」とか「まとめの学期だから！」と気負う必要はないのではないでしょうか。

3学期は，クリスマスやお正月といった空気感をうっすら残してスタートします。ですから，

その楽しい雰囲気を，そのまま一緒に味わうスタート

という学級開きも，悪くないと思います。

成功のポイント 🔖 **3学期の学級開きをどう迎える？**

年賀状で伏線をはる

もし年賀状を出すのであれば，暑中見舞い同様，長期休みが明ける憂鬱な気持ちを，1mmでも明るくできるような，ワクワクを届けられる仕掛けを。

おみくじでクスリとする

折り紙などでおみくじを作ります。年賀状で始業式の日におみくじを引くことを予告して，番号を伝えておけば，みんな始業式に年賀状を持ってきて「自分は○番」と楽しみに登校します。手頃な大きさの箱に色画用紙を貼った「ハテナボックス」があると，おみくじを引くときに子ども

たちは喜びます。おみくじには，「世界一の大吉」「びっくり大吉」「全力の大吉」など，不思議な大吉を書いておくと「何が書いてあった？」と子どもたちの会話の元にもなります。

壁面で遊ぶ

冬休みの間に，小さめの，顔のないだるまを色画用紙で用意しておいて，始業式の日にみんなに顔を描き入れてもらいます。一人一人違った表情のだるまになって面白いです。めあてを胴体に書かせたり，壁面にも使ったりできて便利です。

👋**これで突破！**

・○○しなければ！と思わず，全力で新年を一緒に楽しむ学級開きを

1〜3月

155

2 指示を最低限にするには？

指示は繰り返さず，思い出させるもの

「あれをしなさい」「これをしなさい」ではなく，
「そうだった」と思い出させよう

困った場面

Q 学年のゴールが見えてきて「いろいろできるようになってから次年度へ送り出したい」と思うと，つい「ああしなさい」「こうしなさい」と子どもたちの周りをヘリコプターのように見回って指示を出している自分がいます。指示を最低限にするには，どうしたらいいでしょうか？

A 2学期までは見逃していたようなことも，3学期になるとなぜか気になる……というのは，3学期マジックなのかもしれません。そうなると，ついつい「○○さん，〜して」→「○○さん，〜できてないよ」→「○○さん！ もう！ なんでやらないの！」と「ダメな指示3段活用」に陥りがちです。そして，その次に出てくるのは，子どもが何か失敗したあとに「ほらね！ 先生が言った通りにしないからだよ。先生，言ったと思うけど！」という「後出しジャンケン理論」かもしれません。

「ダメな指示3段活用」も「後出しジャンケン理論」も，子どもたちに残すのは明確な指示というよりは，「こんなに言われる自分はダメなんだ」という自己嫌悪か，「うるさいな，この先生」という不信感です。

「先生に言われて動く」子どもたちではなく，「先生が言ったことを理解して自分たちで動く」子どもたちへと少しずつシフトしていけるように，指示の出し方を工夫していきましょう。

成功のポイント 指示を最低限にするには？

　図工で絵の具を使うときを例に挙げてみます。

レクチャーは簡潔かつ丁寧に

　はじめに，片付けが何時からなのかを知らせます。そして，「片付け」とは何かも教えます。絵の具の片付けはイメージしやすいですが，机の下が筆を洗うバケツの水で濡れていないか，クレヨンや絵の具は落ちていないかを確認することも片付けであると教えます。

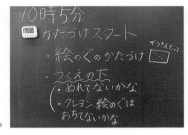

また，水道を使う場合は，濡れた道具や足元を拭けるように，ぞうきんも持っていくことを指導します。終了時刻に合わせて，タイマーもセットします。

目と耳から指示を思い出す

　上のような指導のあと，作業を始めます。時々席を立って筆を洗う水を替えに行く子もいると思いますが，その度に「ぞうきん持ってね」と確認するのは難しいですし，水道から教室までの廊下に水滴を落としながら，びしょ濡れのバケツを持って帰ってきた子に「もう！　なんでぞうきん持ってないの！」と叱ることもあまりしたくありません。ですから，一枚簡単に注意喚起の紙を置いておきます。「ぞうきん，持った？」と，教室の出入り口に置

くだけで，担任が指示しなくても「あ，ぞうきん持っていくんだった」と思い出します。板書にも，紙にも，同じイラストを添えると，さらに指示を思い出すキーになります。片付け開始の合図は，タイマーが知らせてくれるので，時計を気にすることなく図工の指導ができます。

これで突破！

・指導したいことは丁寧に教え，そして，目と耳で思い出させる

3 子ども同士の学びを仕組むには？

まずは「群れ」をつくる

> 子どもたちは「群れ」から「チーム」へと進化していく。
> まずは始めてみる

困った場面

Q 子どもたち同士で話し合わせたいと思い，グループ活動を取り入れました。しかし，先輩教師から「まだ早い」「グループだと子どもの思考の流れを把握できない」「全員参加しているのか疑問」などの意見をいただきました。子ども同士が対話で学びとる授業も仕組んでいきたいのですが，どのようにしたらいいでしょうか？

A こんなことを書くと批判もあるのかもしれませんが，「子どもの思考の流れを把握できない」「全員参加しているのか疑問」というのは，グループ学習だけで起こるのではなく，一斉授業でも起こりうる状況です。担任が黒板の前に立っていれば，子どもの思考が手に取るように一人一人わかるかと言われると疑問ですし，子どもが教師のいる方向を向いていれば「全員参加」と見なすのも違います。結局はワークシートやノート，振り返りの記述等で後から把握することも多く，それをもとに次の授業を組み立てる……というのも，現実としてあるのです。グループ活動だからできない，というわけでもないのではないでしょうか。

　　・全員が同じくらい発言すること
　　・友だちの意見を批判しないこと

　この2つを大切にして，まずは子どもたちにどう漕ぎ出すかを任せてみませんか。

成功のポイント 子ども同士の学びを仕組むには？

ルールを確認する ·····························

　グループで話し合いをするときのルールを子
どもたちと作って，確認します。「一人だけしゃ
べるのではなく，同じくらい話そう」「一人の意
見にみんなで攻撃するのはやめよう」などの合
言葉をつくって，グループ活動の前には確認し
ましょう。また，マジックでも何でもいいので

「これはマイクだよ。話す人が交替で使ってね」と渡すと，一人だけが話し
続ける「独演会」や，話している途中にツッコみまくる「野次」を防げます。

目的を確認する ·····························

　そのグループ活動で行う話し合いは，「何を生むため」の話し合いなのか
を明確に示します。これを
子どもたちが共有すること
で，単なるおしゃべりタイ
ムになってしまうことや，
「え，これから何話すの？」

と迷子にしてしまうことを防げます。

「群れ」から「チーム」に成長することで対話力が上がる ·····················

　はじめは，話し合いはなかなかうまくいかないと思います。でも，それこ
そが「学び」です。「どうすればうまくいくのか」を考えることは，すべて
の教科の根本です。「うまくいかなかった」という思いをもつ→「成功させる
には」とみんなで考える→実行する→「これはうまくいった」と成功体験に
していく流れを経ることで，そのグループ活動での学びも深まっていきます。

これで突破！
- ・ルールと目的を確認して，とにかくやってみる
- ・グループ活動の質を上げることで，学びの質も上げていく

1〜3月

4　教室の雰囲気が落ち着かないときは？　「任せる場」で推進力を

> 1年生から2年生，2年生はクラス替えを経て3年生へ。
> 不安と期待を推進力へ変えよう

困った場面

Q 3学期も半ばを過ぎ，この頃教室の雰囲気が落ち着きません。ざわざわしていたり，けんかがあったり，言葉遣いが荒くなったり……。なぜでしょうか？

A 6・11・2月は「魔の月」といわれています。子どもたちが落ち着かなくなり，学級経営がピンチを迎えやすい傾向があります。日照時間や行事の後など，様々な要因があるようですが，2月はそれに加えて，次年度への漠然とした不安や期待からくる高揚感が背景にあるのではないかと思います。1年生だと2年生への進級。2年生だと3年生への進級。特に2年生は3年生になるタイミングでクラス替えがあったり，「低学年から中学年へ」という言葉かけもあったりします。

　以前受け持った子どもたちの中には，「クラス替えが怖いな」と言う2年生，「2年生は勉強が難しいってお兄ちゃんが言ってた」「今度入ってくる1年生と仲良くできるかな」と言う1年生が少なくありませんでした。もちろん，「早く2年生になりたい」「3年生になったらクラス替えが楽しみ」と言う子どもたちもいました。

　その不安も期待もまるごと推進力に変えるには，「自分ってすごい！」「次の学年もやってやるぞ！」という経験をさせる「任せる場」をもちましょう。

成功のポイント 　**教室の雰囲気が落ち着かないときは？**

学級会を任せる

子どもたちの間で起きることを，子どもたちで解決していく道筋を教えるために，学級会を任せてみましょう。「任せる」とは丸投げすることではなく，はじめのうちは目的と手順を示して，担任が進めます。その後，少しず

つ子どもたちに譲渡していきます。低学年の子どもたちは「大人がしていることはいいこと」「真似したい」と思うようなので，学級会が楽しくなると，「先生みたいに黒板書いてみたい」「司会してみたい」「全部自分たちでやってみたい」と，少しずつ要求が出てきます。自分たちで行った学級会がうまくいけば「次の学年でもやってみよう」「困ったことも話し合えるぞ」と期待が膨らみ，不安も軽減されます。

学年集会を任せる

低学年の子どもたちは楽しいことが大好きです。その楽しいことを，誰かにお膳立てしてもらうのではなく，自分たちで仕掛けていくことで，学校は「まちがうところ」だけでなく「楽しむところ」にしていきます。集会のアイディア，準備，進行なども一人一役で進めます。成功の暁には，「次の学年ではもっと楽し

いことをしたい！」と張り切るはずです。学年で各クラスが交替で集会を開けば，学年間の交流も生まれ，クラス替えへの不安も軽減されます。

これで突破！

・「任せる」ことで，不安も期待もまるごと推進力に変えていく

1〜3月

5 低学年の子どもたちに卒業式で何を教える？ 感謝を行動で示す方法

**卒業式当日の態度より，
人への感謝を行動で示す方法を学ぶ日々に重点を置く**

困った場面

Q もうすぐ卒業式。５年生による「卒業プロジェクト」がどんどん始まっています。卒業式は，低学年の子たちに何を教える行事でしょうか？

A 私は以前「お世話になった６年生に感謝の気持ちをこめて歌います！」「２年生として１年生のお手本になりましょう！　背中を伸ばして座ります！」という言葉で子どもたちを動かそうとしていましたが，子どもたちは「やらされ感」たっぷりの表情でした。それは，練習の場，式当日などでしか通用しない，その場限りのメッキを子どもたちに施そうとしていたからでした。

「卒業式で教えること」は，「式当日の態度」ではありません。卒業式までの日々で，「人に感謝をするときの行動」を学んでもらいます。卒業式は，低学年の子どもたちにとってあまりピンとこない行事です。低学年も卒業式に参加する学校の場合は長い時間，おしゃべりもできず，自由に動くこともできないという，低学年には大変な行事です。しかし，そこに向かう日々を，「人に感謝を伝える行動とは何か」を考えさせ，実行し，そしてどんなフィードバックを得られるのかを体験する日々にすることで，学びの多い時間に変えることは可能です。そして，その日々の中で育むことができた思いがあれば，卒業式当日も「退屈な時間」から，「あのお兄さん，お姉さんとのお別れの時間」へと変えることができます。

成功のポイント 　　低学年の子どもたちに卒業式で何を教える？

①自分たちで何ができるか考える

　６年生との思い出や，自分が知っている６年生に
ついて話をさせます。担任からは，子どもたちが知ら
ない６年生の活躍を教えます。そして，卒業式は，６
年生が巣立つ日で，それまでの日々は６年生に感謝を

伝えるチャンスだと教えます。それから，６年生と一緒に学校に通う日数を
伝えて，その間に何をしようかと投げかけ，子どもたちに考えてもらいます。

②実行する

　「玄関掃除をする」と言った子たちには６年生の玄
関掃除をしてもらい，「あいさつに行く」と言った子
たちには朝のあいさつへ出かけさせ，「手紙を書く」
と言った子たちには手紙を書いてもらいます。感謝

を行動で示す方法は子ども一人一人に決めてもらい，あとは見守ります。

③振り返る

　帰りの会などでその日どんなことができたか振り返ります。「６年生があ
りがとうって言ってくれた」「手紙をうれしそうに受け取ってくれた」とう
れしかったフィードバックを共有すると，「もっとしたい！」とさらに動き
出します。

④トドメの感謝で布石を

　卒業式に向かう中，たくさんの時間を割いてきたのは，きっと５年生でし
ょう。卒業式後，その５年生への感謝も何らかの形で伝えられたら，「次の
６年生」とのつながりもできます。お手紙作戦でも，直接教室に行って「た
くさん準備ありがとう」と伝えるのでもいいでしょう。そのつながりが，次
年度の卒業式への布石にもなります。

これで突破！
- 自分で考えた感謝を表す行動を実行して，上級生とのつながりをつくる

1〜3月

6　学年最後にどのイベントを選ばせる？　全部やる

いろいろな企画が出てくる学年末。
「どれをするか？」ではなく「どうやるか？」を考えよう

🦆 困った場面

Q 1年の締めくくりに，大きなイベントをしたいと子どもたちが言っています。いろいろな希望が出ましたが，何を選ばせたらいいでしょうか？

A 3学期は，子どもたちも「締めくくり」「ラストスパート」のような思いがあるようで，「何か最後に楽しいことをしたい」と，あれこれ企画をもちかけてくることがあります。雪遊びをしたい，豆まきをしたい，お楽しみ会をしたい，みんなで花いちもんめをしたい……など，みんなでできることをワクワクしながら考えています。

　そういう状況になったとき，「この学級目標を達成するためにぴったりなのはどれでしょう」と言うと「どれをしても楽しいよ」「そもそも，なんで1個に決めるの？」というような話し合いがしばしば見受けられます。アイディアを1つに絞る際にデメリットが強調されることもあり，1つに絞ってから却下された子どもたちが意欲をなくす場合があります。ですから，「どれをやるのか」ではなく，誰がやるのか，どう準備を進めるのか，何が必要なのかなどを決めることにウェイトを置きましょう。

　「こんなことやりたい！」と考えたことを計画し，思いを同じくする友だちと準備を進め，そして実行する中で，教科では学べないことを子どもたちは学んでいきます。失敗も成功も，すべてが4月からの糧になります。

成功のポイント 　学年最後にどのイベントを選ばせる？

①プロジェクトチームをつくる

やりたいことが同じ子どもたちで集まって，準備をするプロジェクトチームをつくります。場合によっては掛け持ちする子どももいるかもしれません。どんな準備をいつまでにするのかだけでなく，そのイベントで使いたいものや，みんなに呼びかけなければいけないことなどを話し合います。カレンダーなどに，いつ，どのチームが何をするのかを書いておくと，バッティングしません。

②準備を進める

休み時間や朝の時間などを使いながら準備を進めさせます。時々，プロジェクトのチームリーダーに「どこまで進んだ？」と確認するといいでしょう。

③実行する

子どもたちに進行を任せてイベントをします。担任も一緒に，ひたすらみんなで楽しい時間を共有しましょう。

④自分たちをほめる

イベントがすべて終わる頃には学級じまいが近づいていることでしょう。自分たちで準備を進めてきたこと，友だちと協力してできたことを全員で喜び合いましょう。子ども同士が労いの言葉をかけ合う場をもつといいですね。

これで突破！

・自分たちのしたいことを，したいように実行し，最後を存分に楽しむ

1〜3月

7　学級目標をどう振り返る？

自分の役割を振り返る

振り返り，そして，言語化することで
学級目標を足掛かりに，次への一歩を踏み出す

困った場面

Q 4月につくった学級目標。3月になり，最後にどのように振り返ればいいでしょうか？

A 4月に，子どもたちが「3月にはこうなっていたい」と考えた学級目標。時間をかけて話し合い，掲示を作り，子どもたちと担任は，この1年間度々そこに立ち返り，自分たちの姿を振り返ったはずです。

　さあ，いよいよ3月。学級目標を決めることに時間を割く先生はいますが，学級目標を最後にどうするかは，残念ながら，あまり語られないように思います。4月に熱く「みんなはどうなっていたいの？」と語っておきながら，最後は，「いやー，楽しい1年間だったね」と学級目標をスルーしては一貫性がありませんね。

　1年かけて掲示し，折に触れて振り返った学級目標ですが，低学年の子どもたちには，自分たちの姿を学級目標に照らし合わせてどう成長したのか，客観的に見るのは難しいかもしれません。

　あるときは学級でトラブルが起きたときに，あるときは行事に向けて，具体的な場面でどんな行動をとるべきかを考え，振り返ってきたと思います。最後も子どもたちの1年間を具体的に見せ，できれば「ぼくたち，なかなかやるなぁ」と学級目標のもとで行動できた自分たちに〇をつけてほしいですね。

成功のポイント 　　学級目標をどう振り返る？

　この3ステップで学級目標を振り返ることで，1年が終わること，進級することへの意欲を高めましょう。

①スライドショーで1年間を振り返る ·····

　1年間撮りためてきた写真の中から，学級目標にかかわると思う姿を選び，見せていきます。

②ビーイングでできたことを出し合う ·····

　「ビーイング（Being）」（p.85参照）は，模造紙に人型をとり（人型でなくてもいいです），その中に自分が大事にしたいこと，言葉など，ポジティブなものを書き込んでいきます。今回ビーイングに書き込んでもらいたいのは，学級目標に向かって，自分は何ができたのかということです。

　スライドショーで見た自分の姿，友だちの姿と，学級目標を照らし合わせ，「係活動でこんなイベントができたね」「前はできなかったあいさつが，今はみんなにできるよ」など，できたことをどんどん書き出していきます。

　最後に，子どもたちの達成感が言葉になってあふれた模造紙を見せると，子どもたちから「すごい，学級目標に向かってこんなにいろいろなことをしてきたんだね」「みんな，たくさんがんばったんだ！」と歓声があがることでしょう。

　学級目標の達成は，一人でワークシートに達成できたかどうかを書かせるのではなく，全員の力がどれだけ教室にあふれていたかで判断するのです。

③学級目標を「解体」する ·····

　最後に，自分たちで作った学級目標の掲示を自分たちで解体します。スクラップの時間が，次年度のビルドにつながります。

1〜3月

✋これで突破！

・学級の成長と，自分の役割を結び付けて，学級目標に別れを告げる

1 最後の学習参観・懇談会では何を見せる？ 成長と感謝を

> 最後の学習参観では，子どもたちの成長がわかりやすい授業を。
> 懇談会では感謝を伝えよう

困った場面

Q もうすぐ，学年最後の学習参観・懇談会があります。自分の得意教科でいくのか，それとも，子どもたちが好きな教科でいけばいいのか悩みます。また，その後の懇談会では，学年で決めた内容の他に担任からの一言の時間もあります。何をお話しすればいいでしょうか？

A 4月の学習参観では，子どもたちの得意分野で担任の指導方法をプレゼンしました。楽しそうに授業に参加する子どもたちと，「私はこう指導しています」という担任の方針を見せています。いわば，学年のbefore でした。3学期の学習参観は，その after です。4月に見せた指導を続けた結果，どのようなことができるようになったのかを見せる場です。

　学習参観後の懇談会は，クラスの保護者に直接感謝を伝える絶好のチャンスです。低学年は，特に家庭との連携が大切な学年です。多くの家庭で，連絡帳を見て学習の準備を手伝ってくださったり，宿題に目を通してくださったりしたはずです。ですから，懇談会は，その1年間の協力に対して，しっかり時間をとって感謝を伝えましょう。次年度に向けての準備や家庭へのお願いなど，学年で決めた内容もたくさんあることでしょう。しかし，それだけに終始せず，最後の懇談会も「参加してよかった」「このクラスで安心した」と思っていただけるようにしましょう。

成功のポイント ● 最後の学習参観・懇談会では何を見せる？

成長が一番見える学習を見せる ‥‥‥‥‥

4月にはできなかったことが，3学期の学習参観ではできていることが実感できる教科を選びましょう。子どもたちにどの教科を見せたいかを聞いてみてもいいかもしれません。

保護者への感謝を伝える ‥‥‥‥‥‥‥‥‥

学習参観の後の懇談会では，学習参観で見せたかった成長を，言語化して伝えましょう。見せただけでは伝わらないことも，「ここの，こういう姿をお見せしたくて仕組んだ授業です」と話すことで，「なるほど」と理解していただけます。また，その他の子どもたちの1年間の成長を具体的に見せていきます。ハンドアウト資料，スライド，パワーポイント……方法は何でも構いません。言葉だけでなく「見えること」が大切です。

ありがとう2組

そして，最後には，子どもたちの成長には家庭の協力があったことに感謝を伝えましょう。大型印刷でプリントアウトした感謝状を掲示したり，スライドの最後に感謝を伝える一文を加えたりしましょう。

当日欠席される家庭もあります。その方々にも伝わるように学級だより・学年だより・HP等に当日話したことを掲載しましょう。また，子どもたちにも「こんなことをお話ししたよ」とスライドや資料を見せながら伝えましょう。そうすることで，今度は子どもたちがメッセンジャーとなって，担任の思いを保護者に伝えてくれます。

> 🖐 **これで突破！**
> ・学習参観で子どもたちの成長を見せ，そして，保護者に感謝の思いを届ける懇談会を

1〜3月

2 子どもたちに学年末に伝えることは？ 子どもたちへも感謝を伝える

> 1年間共に過ごしてきた子どもたち。
> 担任として最後に伝えたいのは「ありがとう」

困った場面

Q いよいよ学年最後の日を迎えます。子どもたちに伝えたいことはたくさんありますが，どのような方法がありますか？

A 学年最後の日。子どもたちはうれしそうに登校するでしょうか。春休みのことを楽しそうに話してくれるでしょうか。それとも，少し寂しそうに登校してくるでしょうか。担任として，クラスの子どもたちとかかわる最後の日になるかもしれない日です。1年間の思い出，成長，これからがんばってほしいこと，進級した後に期待していること……伝えたいことは様々あるでしょう。

ある先生は，前の日に壮大な黒板メッセージを書くかもしれません。別な先生は，一人一人と握手しながら学級最後の日を閉じるかもしれません。方法は様々あります。次ページには，学年関係なく，私が今までしてきた学級じまいの工夫を載せました。しかし，大切なのはやはり，

何を伝え，子どもたちの手を離すか

だと思います。伝える方法は，その言葉を彩る飾りにすぎません。旧担任に後ろ髪を引かれるのではなく，子どもたちが自ら手を離し，次に出会う担任やクラスメートに向かって駆け出せるようにしたいですね。

子どもたちに学年末に伝えることは？

メダル

人数分，折り紙と紙テープで作ります。修了式後，通知表を渡すときに一緒に首にかけてあげます。そのときには「そうじをがんばってくれて，ありがとう」「いつも先生を遊びに誘ってくれてうれしかったよ」など，一言伝えましょう。

修了証書

通知表についてくる修了証書だけでなく，担任からのメッセージを入れた修了証書を渡しましょう。賞状のテンプレートを使って簡単に作成できます。

弾き歌い＆弾き語り

楽器を弾ける先生であれば，子どもたちへの気持ちを歌にのせて伝えてもいいかもしれません。一発本番では緊張してうまく弾けな

い場合は，ビデオに撮って見せるというのもいいと思います。少し改まった服装だったり，いつもと違う場所で演奏を聞かせたりするのも特別な雰囲気がするので，子どもたちは喜びます。

くす玉

大き目のボウルでくす玉を作ったり，段ボールを組み合わせてくす箱を作ったりして，修了を祝いましょう。子どもたちの人数分のひもを用意して，カウントダウンをして割ったり，子どもたちが作った折り紙を入れておいたりすると，プレゼント交換のようになります。また，垂れ幕には，担任からの一言メッセージ（「１年間ありがとう」「みんなが大好きでした！」など）を。

これで突破！
- 伝える方法は様々ある
- 子どもたちへの思いが伝わる「ことば」を大切にしよう

3 学級じまいをどうする？

感謝で学級を閉じる

いよいよ迎える学級最後の日。
最後の瞬間まで子どもたちと「感謝」を表す行動を

困った場面

Q 「学級開き」に対応する「学級じまい」という言葉を耳にします。学級最後の日のことだと思うのですが，「学級開き」は楽しく担任の思いを伝えたり，クラスをどうしていきたいかを話したりしていたのですが，「学級じまい」はどのようにするといいでしょうか？

A 学級開きでは，子どもたちに目指すクラスの方向を示しました。主にそれは始業式当日を指すことが多いのですが，学級じまいは，学級のエピローグだととらえています。修了式当日も含めた，その学年を終える一連の活動です。

「さあ，もうすぐ最後の日ですよ！」「みんなとお別れですよ」など，子どもたちをいたずらに感傷的にしたり，終わりを押し付けたりするのではなく，「ここから巣立つんだな」と子どもたちが静かに受け入れ，そして，気持ちよく学級の幕引きをできるようにしたいものです。時折，担任から「寂しくなるね」「離れるのがつらい」など，子どもたちの心を引き留めようとする発言も聞かれますが，それは担任のエゴです。我々教員は，3月・4月はいつだって，

リセット&リスタート

のはずです。子どもたちも担任も，一緒に過ごした日々に区切りをつけ，次への一歩を進みましょう。

成功のポイント　　学級じまいをどうする？

教室をリセットする ·····································

　大掃除は学期末にも行っているかもしれません が，学年末の大掃除は，より入念に行います。できるなら，すべての掲示物を外し，名札も外し，ロッカーを空にした状態で行いましょう。

　テープの跡や窓の汚れ，配線の裏のほこりなども，徹底的に掃除します。前年度から引き継いだ汚れがあれば，それもまとめてきれいにしましょう。4月の何もない状態に教室をリセットします。大掃除後の教室は，ぴかぴかでとても広く，そしてガランとしています。子どもたちは，自分たちの痕跡のなくな

った教室を見て，「もうここは，自分たちの教室ではなくなるのだ」という心構えが自然と生まれます。

最後に感謝で巣立つ ·····································

　研究授業を参観したあと，出口で一礼する先生がいらっしゃいます。運動部も道場やグラウンドなどに出入りする際に一礼しているのをよく見ます。それは，その場や人への感謝だけでなく，自分の心の切り替えを意味しているのではないでしょうか。

　修了式の帰りの会の後，荷物を持って全員で廊下に並びます。そして，「ありがとう，〇年〇組」とあいさつをします。これは，教室という「場」への感謝でもありますが，そこで過ごした日々への感謝，「〇年〇組」という自分のアイデンティティとの別れのセレモニーです。

これで突破！

- 1年間，一緒に過ごした教室を丁寧に清掃し，感謝を伝えて教室を去る

1〜3月

普通であることを恐れない

「保護者と，子どもと，地域，そして同僚の文句は言わない」

初めて学年主任をしたときの学年会で，最初に話したことです。一緒に難しい舵取りをすることになったF先生と，N先生。お2人と一緒に学年を組んだ2年間は，私のターニングポイントでした。私が道を示し，N先生がそこを舗装して，F先生が足りない部分を補っていく。そんな役割分担が自然に生まれ，たくさんの「まさか」を乗り越えてきました。今は3人，別々の学校で働いていますが，私がこれからも信頼し続けるチームであることに変わりはありません。3人とも「普通の教員」です。でも，最強の3人でした。

初任校で孤独を感じていたとき，異動先で認めてもらえなかったとき，しんどい学校で潰されそうだったとき，その渦中にいるときは，もう出口なんてないと思っていました。周りの先生たちはみんなうまくいっているように見えるか，ものすごく自分よりも劣っているかのように見えました。でも，紆余曲折しながら，そう思うままでは何の解決にもならないと気付きました。

私が孤独を感じていたのは，「自分は認められていない」と周りからの承認を求めていたことに起因していました。「すごい先生」になりたかったのでしょう。今は，周囲の評価はあまり気にしていません。常に考えているのは，目の前の子どもたちが成長するために，自分が何をできるかです。教育の結果は卒業してからしか出てこないので，結果を求めても見届けることはできないとわかったこともあるかもしれません。私の求める「結果」は，点数などの見える学力ではなく，成人後どんな社会をつくるのか，ということです。

突出した実践より調和を。「普通の教師」であることを恐れてはいけません。子どもたちと自分の「今」を丁寧に生きていきましょう。

【著者紹介】

赤坂　真二（あかさか　しんじ）
1965年新潟県生まれ。上越教育大学教職大学院教授。学校心理
士。19年間の小学校勤務では，アドラー心理学的アプローチの
学級経営に取り組み，子どものやる気と自信を高める学級づく
りについて実証的な研究を進めてきた。2008年4月から，即戦
力となる若手教師の育成，主に小中学校現職教師の再教育にか
かわりながら，講演や執筆を行う。
『最高の学級づくりパーフェクトガイド』(2018)，『資質・能力
を育てる問題解決型学級経営』(2018)，『アドラー心理学で変
わる学級経営　勇気づけのクラスづくり』(2019，以上明治図
書）ほか，著書・編著書多数。

北森　恵（きたもり　めぐみ）
1977年富山県生まれ。宮城教育大学大学院修了。富山県公立小
学校教諭，手話通訳者。宮城県公立小学校教諭，聾学校教諭を
経て，現職。共著に『職員室の関係づくりサバイバル　うまく
やるコツ20選』(2017)，『教室がアクティブになる学級システ
ム』(2017)，『保護者を味方にする教師の心得』(2017)，『赤坂
真二＆堀裕嗣直伝！最強の学級開き』(2018，以上明治図書)
などがある。

〔本文イラスト〕原田知香

クラスを最高の笑顔にする！
学級経営365日　困った時の突破術　低学年編

2020年3月初版第1刷刊　Ⓒ著　者　赤　坂　真　二
　　　　　　　　　　　　　　　　　北　森　　　恵
　　　　　　　　　　　　発行者　藤　原　光　政
　　　　　　　　　　　　発行所　明治図書出版株式会社
　　　　　　　　　　　　　　　　http://www.meijitosho.co.jp
　　　　　　　　　　　　（企画）及川　誠（校正）西浦実夏
　　　　　　　　　〒114-0023　東京都北区滝野川7-46-1
　　　　　　　　　振替00160-5-151318　電話03(5907)6703
　　　　　　　　　　ご注文窓口　電話03(5907)6668

＊検印省略　　　　組版所　株式会社木元省美堂

Printed in Japan　　　　ISBN978-4-18-342136-4
もれなくクーポンがもらえる！読者アンケートはこちらから→